世界でいちばん古くて大切なスピリチュアルの教え

エックハルト・トール［著］
あさりみちこ［訳］

徳間書店

「わたしの言葉の奥にあるものを摑《つか》んでください」

沈黙とは、心の平安でもあります。

沈黙と平和とは、あなたという存在の「エッセンス」です。

装丁　櫻井　浩（⑥Design）
本文デザイン　岩田伸昭（⑥Design）

はじめに

あなたは、なにを探し求めていますか？

もしあなたの探し物が、世間一般が価値をおくような知識だとしたら、それは、真の「魂《たましい》の教師《きょうし》」からは、決して得ることはできません。新たな情報、信念、行動規範や、教養にプラスになることを期待しても、ムダでしょう。なぜなら、それらを教えるのは、彼ら魂の教師の仕事ではないからです。すべての人の深奥《しんおう》には、輝ける「真実」が眠っています。けれども、ほとんどの人は、その前に立ちふさがる「壁」によって、真実を見ることができません。そこで、人々が真実を見ることができるよう、真実をおおい隠している「壁」を取り除くのを手助けする。それが、魂の教師の唯一の仕事です。人間の心の深淵《しんえん》にある「平和の次元」を明らかにし、それを人々に見せるために、魂の教師は存在します。そして、本書の目的も、まさにそこにあるのです。

ユニークな考え、斬新な理論や信念、知的な議論といったものを求めて魂の教師のもとに行くなら、あるいは、そういった目的で本書を読むなら、あなたの期待は裏切られてしまうでしょう。いい方を変えると、あなたの探し物が、頭脳の「糧《かて》」とするための材料なら、それは、本書からは手にいれることはできません。魂の教師の教えの真髄《しんずい》も、本書のエッセンスも、ことごとく見失ってしまうでしょう。エッセンスは言葉ではありません。あなた自身の中で脈動している真実です。本書を読む際には、この点を心に留めおき、それを感じながら読むことを、お勧めします。言葉というものは、あくまでも「道標《みちしるべ》」に過ぎません。それらが指し示すゴールは、思考の次元では、見つけることができないのです。それにひきかえ、人間の内なる次元は、なんと深遠で、なんと広大無辺な領域でしょう！　生き生きとした生命力にあふれた平和の感覚が、その次元のしるしです。本書を読みながら、心の泉から、平和が湧《わ》き上がってくるのが感じられたなら、本書がガイドとして役目を果たしているサインです。みなさんが「本当の自分」を思い出し、「生まれ故郷」へとたどり着くよう導くのが、本書のゴールなのですから。

本書は読了後、本棚にしまっておかずに、ぜひ折にふれてひもといてください。この本を生きてください。なによりも大切なことは、本を休ませてください。つまり、読んでいる時間よりも、本を温めること、いわば「熟成させること」に時間をかけるのです。読者の多くは、特に意識しなくても、内容を反芻《はんすう》しようと、段落ごとに休憩をとって、自然に「静止」したくなると思います。ノンストップで読み続けるよりも、休み休み読むほうが、ずっと効果的なのです。これは、筆者のわたしが保証します。そうすれば、休みなく思考活動を作動させてしまうという、旧来の条件付けられた習癖から脱却できるよう、本書があなたをサポートするでしょう。

古代インドのスートラは、現存する最古のスピリチュアルな教えですが、本書は、その現代版リバイバルとみなしていただいてかまいません。スートラとは、観念的な装飾を最小限に抑え、格言のスタイルをとった、パワフルな真実の書のことをいいます。仏陀《ぶつだ》の教えに類した古代の神聖な書物に、ヴェーダ［インド最古の宗教文献］とウパニシャッド［インド古代の宗教哲学書］がありますが、これらもスートラ形式をとっています。聖書中に散見されるイエスの譬《たと》え話や箴言《しんげん》もしかり。古代中国の叡智《えいち》の結晶である道徳経も例外ではありません。スートラの特長は、なんといってもその簡潔さにあります。それは、必要最低限しか、思考を要しません。スートラの場合、「そこに書かれていること」よりも、「そこに書かれていないこと」、すなわち、それが指し示すことのほうが、はるかに重要なのです。

本書においては、特に第1章「なぜ『心の静寂』が大切か?」において、短い段落構成をとり、スートラのスタイルを再現してみました。本書のエッセンスを凝縮したものが、第1章なのです。読者のなかには、この章を読むだけで、十分に意識の覚醒《かくせい》が得られる方がいらっしゃるかもしれません。他の章は、さらなる「道標」を必要とする方のための、バックアップのようなものです。

古代のスートラ同様、本書もまた、わたしが「沈黙」と名づける、神聖な意識状態から誕生しました。ただ一つ、本書が、それらと一線を画している点があります。それは、本書は特定の宗教にも、スピリチュアルな伝統にも属さないことです。したがって、全人類の意識がダイレクトにアクセスできるようになっています。また、読んでいて、自分が「意識の進化」へと、せきたてられているように感じるかもしれませんが、それは、気のせいではありません。意識の進化が一握りの人間に限られた、いわば「プレミアム品」だった時代は終わりました。人類が新たなステージへと進むには、それは必定なのです。今の時代は、旧来の意識の機能不全と、新たな意識の発現がともに加速度的に際立っています。一見矛盾《むじゅん》するようですが、状況は悪化していると同時に、好転してもいるのです。悪化の事態のほうが「騒々しい」ので、そちらが優勢にみえますが、決してそうではありません。

いうまでもなく、読むという行為によって、本書の内容も、脳で観念にプロセスされていくわけですが、それらは一般的な観念——執拗《しつよう》で、騒々しく、自己満足で、注目を求める——とは違います。あらゆる真正の魂の教師の教え、あるいは古代のストーラ同様、本書にこめられた観念も、「わたしの意見を聞きなさい！」と、声高に喧《けん》伝《でん》しているのではなく、「わたしの言葉の奥にあるものを摑《つか》んでください」と、いっているのです。沈黙の状態から生まれた考えは、それが誕生したのと同じ、沈黙の次元へと、読む人を導くパワーがあります。沈黙とは、心の平安でもあります。沈黙と平和とは、あなたという存在の「エッセンス」です。この世を救い、変容するのは、この「内なる平和」です。

世界でいちばん古くて大切なスピリチュアルの教え

CONTENTS

CHAPTER 1

SILENCE & STILLNESS

なぜ「心の静寂」が大切か？

心の静寂を失うと、「本当の自分」とのつながりを失ってしまいます。

「本当の自分」とのつながりを失うと、この世で「迷子」になってしまいます。

――「本当の自分」――。すべての人の深奥にあるこの感覚は、「静寂な心」と切り離すことができません。

「本当の自分」こそが、名前や形を超えた、あなたの本質です。


静寂な心こそが、あなたの本質です。では、静寂な心とは、いったいなんでしょう――？ それは、言葉を、意味のあるものに変換している内なる場所、あるいは、シンプルに「意識」と呼んでもいいでしょう。意識がなければ、物事を認識することができません。意識がなくては、思考も、世界も存在しえないのです。

簡単にいうなら、わたしたちは、「人間」という形態をまとった純粋な「意識」なのです。

あなたはどんな世界に住んでいますか？　もしあなたの世界が騒々しいなら、それは、あなたの心が騒々しいからです。もしあなたの世界に平和があるなら、それは、あなたの心に平和があるからです。世界の平和は、あなたの心の平和を投影したものです。

世界が静寂に感じられるなら、そっと耳を澄ませてください。ただ静寂に気づくだけでいいのです。静寂に意識を向けるのです。静寂に耳を傾けると、あなた自身の内なる静止の次元が、目を覚まします。あなた自身が静止していないかぎり、静寂の次

心の静寂を失うと、「本当の自分」とのつながりを失ってしまいます。
「本当の自分」とのつながりを失うと、この世で「迷子」になってしまいます。

「本当の自分」——。すべての人の深奥にあるこの感覚は、「静寂な心」と切り離すことができません。「本当の自分」こそが、名前や形を超えた、あなたの本質です。

元に気づくことはありません。

世界の静寂を意識しているとき、思考活動が静止していることに気づくでしょう。あなたは静寂があることに気づいています。でも、決して静寂について考えているわけではありません。

静寂に気づくようになると、それは、心が研ぎ澄まされた状態であることに気づくはずです。これは、いうなれば、「わたしが在《あ》る」状態です。あなたは、何千年ものあいだ人類を束縛してきた、集合意識という檻《おり》の外へと、ついに一歩足を踏み出したのです。

簡単にいうなら、わたしたちは、「人間」という
形態をまとった純粋な「意識」なのです。

木々を、草花を見つめてごらんなさい。自然と心を一つにするのです。いかにそれらがじっと静止しているか、いかにそれらが「大いなる存在」にしっかりと根をはっているか。じっと静止する術《すべ》を、自然から学ぶのです。

植物を観察して、それが静止していると感じることができるなら、あなた自身も自然に静止するようになります。あなたは、とても深いレベルで、植物と一つになったのです。じっと動かずに、なにかを観察することによって、対象と一つになったと感じます。自分が万物と一つになったと感じること、それが本当の「愛」なのです。

物理的な静けさは、たしかに静止の次元にいたるのを助けるでしょう。けれども、それは、静止の次元にいたるための、絶対条件ではありません。騒音があるときでさえ、騒音の奥にある、騒音が生まれる場所に、静寂を感じることができます。その場所が、内なる「純粋な意識」の場所なのです。

あなたは、五感とあらゆる思考の奥に横たわる、純粋な意識に気づくことができます。意識に気づくとき、内なる静寂が表層に現われます。

あなたは静寂があることに気づいています。
でも、決して静寂について考えているわけではありません。

「いま、この瞬間」をありのままに、100パーセント受け入れるときはいつでも、あなたは静止しています。あなたは平和の中にいるのです。

わずらわしい騒音でさえ、静けさと同じだけ役立つことがあります。どんなふうにして――？　騒音に対する「心の抵抗」を手放すことによって。騒音をありのまま受け入れることによって。この受容も、あなたを、内なる平和の次元へと導いてくれます。それも、静止状態の一つなのです。

「いま、この瞬間」をありのままに、１００パーセント受け入れるときはいつでも、あなたは静止しています。あなたは平和の中にいるのです。

「すきま」「スペース」に意識を向けてみてください。二つの思考のすきまに。会話中の、言葉と言葉のあいだの、ちょっとしたすきまに。ピアノやフルートの、音符と音符のあいだに。呼気と吸気のあいだに。

こうして「すきま」に意識を向けるとき、対象に向ける意識は、純粋な意識そのものに変わります。純粋な意識である、形態のない次元が、あなたの内から現われ、形態による認識に、とって代わられるのです。

するとどうでしょう。真の叡智《えいち》が、静かに活動をはじめます。「静止の空間」。これこそが、創造性が誕生し、問題の解決策が見つかる場所なのです。

静止とは、単に音のないこと、空っぽの状態を意味するのではありません。静止とは、叡智そのものです。それは、万物が生まれくる、形態の奥に横たわる意識です。それがあなたと離ればなれであることなど、あるでしょうか？　あなたが「わたし」

「静止の空間」。これこそが、創造性が誕生し、
問題の解決策が見つかる場所なのです。

静止とは、叡智そのものです。それは、万物が生まれくる、形態の奥に横たわる意識です。

とみなしている形態を生じさせたもの、あなたの生命を支えているものが、「意識」です。

意識こそが、あらゆる銀河のエッセンスであり、草花の、木々の、鳥たちの、ありとあらゆる形態のエッセンスなのです。

静止だけが、この世界で唯一、形のないものです。とはいうものの、静止は厳密にいうと「もの」ではありませんし、この世に属するわけでもありません。

静止の状態から木々を見つめているとき、あるいは人を見つめているとき、いったい「誰」が見つめているのでしょうか――？　それは、単なる人間以上の、深い存在です。「意識」が、その創造物を見つめているのです。

聖書にはこう記されています。神は世界をお造りになりました。そして、世界はなんと素晴らしいのだろう！　神はそう思ったと――。考えることなしに、静止の状態から物事をながめるなら、あなたも神とまったく同じように感じるはずです。

もっと知識が必要でしょうか？　もっとたくさんの情報を収集すれば、世界を救えるでしょうか？　あるいは、もっと高速のコンピュータがあれば、もっと科学的解析、あるいは知的分析をすれば、世界を救えるでしょうか？　それよりも、いま人類がもっとも必要としているのは、叡智ではないでしょうか？

意識こそが、あらゆる銀河のエッセンスであり、草花の、木々の、鳥たちの、ありとあらゆる形態のエッセンスなのです。

静止だけが、この世界で唯一、形のないものです。とはいうものの、静止は厳密にいうと「もの」ではありませんし、この世に属するわけでもありません。

では、叡智とは、いったいどんなもので、どこを探せば見つかるでしょう？　叡智は静止することによって、身につけることができます。なにはともあれ、見つめてください。耳を澄ませてください。それ以上、なにも要《い》りません。静止していること、見つめていること、耳を澄ますことによって、あなたの中に眠る、観念でない叡智を呼び覚ますのです。静止の次元に、言葉と行動を導いてもらうのです。

叡智は静止することによって、身につけることができます。なにはともあれ、見つめてください。耳を澄ませてください。それ以上、なにも要《い》りません。

CHAPTER 2

BEYOND THE THINKING MIND

思考の夢から目覚めるということ

ほとんどの人たちは、自らのつくる思考という檻《おり》の中で、人生の大半を過ごします。過去によって条件づけられた、自らがこしらえる狭量な「偽《にせ》の自己」の枠を超えることができないまま、一生を終えてしまうのです。

人間の中には、思考よりもはるかに深遠な意識の領域が存在します。そして、それこそが、「本当の自分」の本質なのです。それは、「存在」「気づき」「条件づけられていない意識」と呼んでもいいでしょう。古代の教えにおいては、それは、「人間の中のキリスト」、あるいは、仏性（仏陀《ぶつだ》の性質）と呼ばれています。

思考がつくる小さな「わたし」が、自分の知るすべてであり、その小さき自己が人生を動かすエンジンであるかぎり、人間は、自分自身を含め、すべての人に苦しみをもたらします。けれども、条件づけのない意識の次元にいたることで、あなたは自分自身を、さらにはこの世界を、苦しみから救うことになるのです。この次元を経験することなしには、「愛」「喜び」「創造性の発揮」「永続的な心の平安」は、人生に訪れることはありません。

もしもあなたが、常にとまではいかなくても、ときとして、心に浮かぶ思考をたんなる思考としてやり過ごすことができているなら、さらには、心理的、あるいは感情的なリアクションのパターンが起こったときに、それとして客観視することができているなら、思考や感情が誕生する意識次元、いいかえるなら、あなたの人生のすべてを包含する、時間のない内なる空間に、すでに足を踏み入れているのです。

思考の流れは、いとも簡単にあなたを飲みこんでしまえるほど、莫大《ばくだい》なパワーをも

古代の教えにおいては、それは、「人間の中のキリスト」、あるいは、仏性（仏陀《ぶつだ》の性質）と呼ばれています。

っています。あらゆる思考は、まるで一大事であるかのように装っています。思考はあなたの全意識を奪ってしまおうと、常に虎視眈々《こしたんたん》なのです。

そこで、みなさんに、これまでにない、スピリチュアルな習慣を提案します。それは、「心に浮かぶ思考を、あまり真剣に受け止めないこと」です。

人間というものは、なんとあっけなく、観念という名の「檻」に、はまってしまう生き物なのでしょうか。

心は、「知ること」「理解すること」「コントロールすること」を目的としているため、ともすると、独善的な意見や見解を、真実と取り違えてしまうものです。思考はこう決めつけます。「それはつまり、こういうことだ」。けれども、自分と他人の人生や行動をどんなふうに解釈しようとも、状況や出来事にどんな判断を下そうとも、それは無限に存在する可能性の中の、たった一つの見方に過ぎません。そして、心が思考から解放されるまでは、この認識にいたることはありません。なにものも単独では存在していないのです。あたかも精緻《せいち》に織られたタペストリーのように、すべてのものが融合し、一つのものとして存在している――。これが真実です。思考は真実をバラバラにしてしまいます。それは、真実を切り刻んで、いわば「観念の寄せ集め」にしてしまうのです。

もちろん思考力は有益であり、パワフルな道具でもありますが、それが人生を完全に支配するようになってしまうと、あるいは、思考力はあくまでも意識（＝あなた自身）のアスペクトの中で、ごくわずかな割合を占めるに過ぎないという認識に欠けていると、思考力は、むしろ足かせになってしまうのです。

叡智は、思考による産物ではありません。人や物事といった対象に、意識を100パーセント集中させるというシンプルな行動を通して湧《わ》き上がってくるのが、叡智《えいち》であり、「深遠な知」です。意識を対象に集中させるという行動は、源初の知恵であり、「大いなる意識」そのものです。それは、観念的な思考がつくる壁を取り除き、「なにものも単独では存在しえない」という認識に、あなたを目覚めさせます。それは、観察者と被観察者を、統一の意識の場において、一つにつなぎとめます。それは、分離の傷を癒すのです。

強迫的な思考にとらわれているときにはいつでも、「あるがまま」に抵抗しているサインです。自分が現在いるところに、自分の「いま」「ここ」にいたくない、という気持ちの表れです。

いかなるドグマ（教理）も、それが、宗教上のものであれ、政治上のものであれ、科学的なものであれ、言葉によって真実を言い表すことができるという誤解から生まれたものに過ぎません。ドグマとは、集合的な観念の牢獄《ろうごく》です。そして、とても奇妙なことに、人間は自らの牢獄を愛しているのです。なぜでしょうか？　その理由は、ドグマは人間に一種の安心感と、「わたしは知っている」という偽りの感覚を与えるからです。

ドグマ以上に、人類を苦しめてきたものはありません。どのようなドグマも、遅か

いかなるドグマ(教理)も、それが、宗教上のものであれ、政治上のものであれ、科学的なものであれ、言葉によって真実を言い表すことができるという誤解から生まれたものに過ぎません。

れ早かれ、真実によってその虚偽が暴かれ、一つ残らず消え去る運命にあります。けれども、真実によってその根本的な幻想が明らかにされるまでは、ドグマは、つねに別のドグマにとって代わられるという交代劇がくり返されるのです。

では、その根本的「幻想」とはなんでしょうか――？　それは、思考と「本当の自分」を同一視してしまうことです。

スピリチュアルな覚醒《かくせい》とは、「思考の夢」から目覚めることです。

意識の次元は、とてつもなく広大無辺です。思考など、とうてい及ぶべくもありません。自分の考えを一から十まで信じるのを止めたとき、あなたは思考の檻の外へと、一歩あゆみ出ることができます。そして、「考えている人」は「本当の自分」とは別人だということが、手に取るようにわかるでしょう。

心はいつも「満たされない」状態にあります。貪欲《どんよく》で、さらに多くのものを求めているのです。思考を、「本当の自分」と同一視していると、なんにでもすぐに飽きがきて、決して足ることを知りません。退屈とは、思考がさらに多くの刺激を求めていること、もっと多くの「餌《えさ》」を求めていること、そしてその飢《う》えが満たされていない心理状態を意味しているのです。

「つまらないなあ」。こう感じているとき、雑誌をめくってみたり、電話でおしゃべりしたり、テレビをみたり、ネットサーフィンしたり、買い物したりすることで、心

ドグマとは、集合的な観念の牢獄《ろうごく》です。そして、とても奇妙なことに、人間は自らの牢獄を愛しているのです。

の飢えを満たすことはできます。あるいは、心の欠乏と必要を身体上の飢餓感に置き換えて、過食することで一時しのぎの満足感を補おうとするケースも、決して珍しいことではないのです。

でもこれからは、かわりにこんな方法を試してみてはいかがでしょう。退屈と欲求不満の状態にとどまり、それが「どんなふうに感じられるか」を観察してみるのです。意識を感覚に注いでみると、突如として、感覚の周囲にいくらかの「空間」と「静止状態」を感じはじめます。最初のうちは、ごくわずかかもしれませんが、内なる空間の感覚が拡大するにつれて、退屈という感覚は、強度においても、重要性においても、弱まりはじめます。つまり、退屈という感覚でさえ、「自分が誰であり」、「自分が誰でないのか」を教えてくれる「道標《みちしるべ》」に利用することができるのです。

こうして、「退屈している人間」は、「本当の自分」ではないことを発見します。退屈とは、簡単にいえば、わたしたちの中にある、条件づけられたエネルギー・パターンの一つなのです。あなたは、「退屈している人間」でもなければ、「怒っている人間」でも、「悲しんでいる人間」でも、「恐れている人間」でもありません。退屈も、怒りも、悲しみも、恐れも、「わたしに属するもの」、「個人的なもの」ではないのです。それらはすべて、人間の心の状態の一つに過ぎません。それらはやって来ては、やがて過ぎ去っていきます。

やって来て、やがて過ぎ去っていくものは、「本当の自分」ではありません。

「なんて退屈なんだろう」。こう感じているのは誰でしょう？

「頭にきた」。「悲しい」。「怖い」。こう感じているのは誰でしょう？

こうした感覚自体は「本当の自分」ではありません。感覚を感じとっているのが、「本当の自分」なのです。

どのような偏見も、思考と一体になっていることのサインです。言いかえるなら、あなたには、もはや「人間の真の姿」が見えておらず、「この人は○○な人間だ」という、独自の固定観念を見ているということです。人間の生命の価値を、単なる観念のレベルに引き下げることは、一種の暴力といっても過言ではありません。

純粋な意識に根ざしていない思考は、利己主義に走り、したがって機能不全になってしまいます。叡智に欠けた近視眼的な知恵は、極めて危険であり、かつ破壊的でもあります。これこそが、現代社会のほとんどが陥っている状況なのです。科学やテクノロジーといった分野での思考の活用は、それ自体は本質的に善でも悪でもありません。けれども、それが往々にして、純粋な意識に根差していないために、破壊的な結果を生んでしまうのです。

人類の進化の次なるステップは、「思考の超越」です。それが、いま人類にとって急務なのです。ただし、これは決して、「もうこれ以上思考すべきではない」という意味ではありません。「思考と完全に一体になってしまうこと」、「思考に支配されること」を止めようと、いっているのです。

内なる身体、「インナーボディ」のエネルギーを感じてください。たちまち思考の雑音は完全に消え失せるか、少なくともボリュームダウンしていくはずです。エネルギーをあなたの手に、あなたの足に、あなたの腹部に、あなたの胸に感じてください。あなたという生命を感じてください。あなたの身体を動かしている生命を感じてください。

こうすると身体は、ゆれ動く感情と思考の水面下にある、より深い生命の感覚に通じる「ドア」へと変わります。

頭の中だけでなく、心と身体すべてで感じることのできる躍動感が、あなたの中に存在します。思考活動のない「在《あ》る」状態では、細胞の一つひとつが生き生きと脈打っています。しかも、その状態にいるなら、実質的な目的で思考力が必要とされるときには、思考力は的確に役目を果たします。「本当の自分」という偉大なる叡智が頭脳を活用し、頭脳を通して自己を表現するとき、そのときはじめて、頭脳は美しく機能するのです。

「思考していない純粋な意識の状態」という一瞬の出来事を、これまで見過ごしてきたかもしれませんが、あなたもすでに、ごく自然に、人生の中で何度か経験しているはずです。そのときあなたは、単純作業をしていたかもしれません。部屋の中を歩いていたか、空港のカウンターで順番待ちをしていたかもしれません。それがなんにせよ、そのときには、完全に「いまに在った」ために、普段の思考の雑音は止まり、純粋な意識にとって代わられたのです。あるいは、ただ青空をポカンと見上げていたか、頭の声がコメントすることなしに、誰かの話に耳を傾けていたのかもしれません。そのときあなたの知覚は、思考に曇らされることなく、クリスタルのように明晰《めいせき》になります。

思考にとって、こうしたことは、なんの価値もありません。なぜなら、思考にとっ

「知らないでいること」に心地よさを覚えてください。そうすることによって、思考を超越することができます。

ては、考えるべきもっと重大なことがあるからです。しかも、「思考していない純粋な意識の状態」は、さほど印象にも残りません。それが、この状態がこれまで看過《かんか》されてきた理由です。

これこそが、あなたの人生で起こりうる、もっとも重要な出来事です。それは、思考の意識から、「いまに在る」意識へのシフトです。

「知らないでいること」に心地よさを覚えてください。そうすることによって、思考を超越することができます。なぜなら、思考は常に結論を出そう、解釈しようとしたがるからです。「知らないこと」を恐れているのです。つまり、知らないでいることに心地よさが感じられるようになったら、それは思考を超越した証拠。すると、観念的でない、より「深遠な知」が、その状態から生まれてきます。

　芸術、スポーツ、ダンス、教育、カウンセリングなど、どのような分野をマスターするにしても、思考力はまったく関与していないか、あるいは、関与していたとしても、副次的なものに過ぎません。あなたより偉大であると同時に、あなたと本質的に一つであるパワーと叡智の結集がすべてを成し遂げるのです。そこには、決断を下すというプロセスは存在しません。「あなた」が行動しているわけではなく、適切な行動が「自動的に」なされるのです。

「人生をマスターすること」は、「人生をコントロールすること」と、対極に位置します。人生をマスターすることは、より偉大な意識とシンクロすることです。この意識が、語り、行動し、仕事を成し遂げることです。

危機的状況によって、はからずも、思考の流れに一時的なすきまができることがあります。そうした瞬間は、「いまに在ること」、あるいは、「意識が目覚め、鋭敏であること」が、どんな感覚なのかを、わたしたちに味わわせてくれます。

頭脳が、いかに想像をたくましくしても、「真実」には遠く及びません。真実は、思考のレベルをはるかに超越していて、その範疇《はんちゅう》に収まり切れないからです。どんな思考も、真実を表現し得ません。思考にできるのは、せいぜい真実の方向を示すことくらいです。たとえば思考は、「すべてのものは本質的に一つです」と表現することができるでしょう。けれども、これは標識のようなもので、真実そのものではありませんん。これらの言葉の意味を理解するということは、内なる深淵《しんえん》で、言葉が指し示す真実を感じとっているということなのです。

CHAPTER 3

THE EGOIC SELF

「本当のわたし」と「エゴのわたし」

心が絶えず求めているのは、思考のための「餌《えさ》」だけではありません。アイデンティティ、すなわち「わたしは○○です」と自己認識するための「餌」も探しているのです。アイデンティティを母として誕生したエゴは、常にアイデンティティを再創造しています。

わたしたちが自分について考えるとき、または語るとき、それはたいてい「本当の自分」ではなく、「個我」である「わたし」に関することです。これは、「好き嫌い」、「恐れや願望」のある「わたし」であり、決して満足することのない「わたし」です。この「わたし」は過去によって条件づけられた、心がこしらえたもので、未来に満たされるために、四六時中なにかを求めているのです。

この「わたし」を、あなたを通り過ぎてゆく、一過性の形態とみなすことができますか？　海に描かれる波のパターンのように。

では、この「わたし」を「観察している」のはいったい誰でしょう？　あなたの身体的、心理的な一過性の形態を意識しているのは、いったい誰でしょう？　それが、――「本当の自分」――です。これが、より深淵《しんえん》な部分にある「わたし」であり、過去にも未来にも束縛されていない「わたし」なのです。

日々意識のほとんどを奪っている、問題だらけの人生に対する恐れと欲望のすべてが過ぎ去ったとき、いったい何が残るでしょうか――？　一本の線です。墓石に刻まれる誕生日と没日のあいだの、1インチか、2インチほどの長さの、一本の線です。

エゴの「わたし」にとっては、これは気の滅入る考えです。あなたにとっては、胸のすくような、解放感のある考えです。

一つひとつの考えに、完全に注意が奪われてしまっているようなら、頭の声と「本当の自分」とを同一視している証拠です。そうすると、思考は「個我」「偽の自己」にパワーを与えます。これがエゴ、あるいは自分でこしらえた「わたし」です。思考の産物であるエゴは、自分が不完全で不安定だと感じています。これこそ、恐れと欲望が、エゴにとって主な感情であり、活動の原動力である理由です。

「どうも頭の中で、自分自身になりすまそうとする声がして、話すのをやめようとしないようだ」。そう気づいたなら、思考を、無意識のうちに「本当の自分」と同一視する習性から目覚めつつある、好ましい兆候です。「声」に気づくということは、自分は「声の主」、すなわち「考える人」ではなく、それを「意識している人」だと気づくことだからです。

自分が、声の奥に存在する、「意識」であると気づくことは、大いなる自由です。

エゴ的な自己は、あくなき欲望に振り回されています。自分をより完全なものにしたいという欲求から、常に獲物を追い求めているのです。これが、エゴが強迫的なくらい、未来に没頭している理由です。

「目前のことのみに集中して生きている」と気づいたときにはいつでも、エゴ的な思考パターンの外へ歩み出たことを意味します。意識を100パーセント、その瞬間にフォーカスして生きる可能性も高まります。

全意識を、「いま、この瞬間」に向けることによって、エゴ的思考よりもはるかに偉大な叡智《えいち》が、あなたの人生を突き動かしはじめます。

エゴを通して人生を生きると、「いま、この瞬間」を、「目的のための手段」にしてしまいます。あなたは未来のために生きることになり、たとえゴールを達成しても、満たされることはありません。仮に満足したとしても、それは、束《つか》の間《ま》です。

未来に達成したいゴールよりも、いま自分がしていることに意識を集中させるようにすれば、エゴ的な条件づけのパターンから脱却することができます。そうすれば、これまでとは比較にならないほど、行動が効率的になるばかりか、充実感も喜びも無限大に拡大していきます。

エゴというものはみな、多かれ少なかれ、わたしたちが呼ぶところの「被害者意識」という要素を含んでいるものです。なかには、「わたしは被害者」の自己イメージが強烈なあまり、それがエゴの中心核となっている人もいます。そのような人たちの自己観の根幹部分は、恨みや苦悩によって形成されているのです。

たとえあなたに、不満をいだくに足る「正当な」理由があったとしても、自分でアイデンティティをこしらえたことに変わりはなく、それはいわば、自分を観念という牢獄《ろうごく》に閉じこめるのと一緒です。自分が自分にどんな結果をもたらしているか、より正確にいうなら、自分の思考が自分にどんな結果をもたらしているかを観察してみてください。「犠牲者話」に対してもっている執着心と、その思い出に浸《ひた》らずにはいられない、その思い出を語らずにはいられない、強迫的な傾向に気づいてください。自分の心の状態を「観察する人」になってください。とりたてて何も「する」必要はありません。「気づく」だけで十分です。気づきによって、変容と自由がやって来るのですから。

愚痴《ぐち》こぼしとリアクションは、エゴが自身を肥やすために常套《じょうとう》手段にしている思考パターンです。たくさんの人は、思考活動と情緒活動の大半が、人生で起こる出来事に対する不平とリアクションによって占められています。そうすることによって、他人や状況を「悪者」扱いし、自分を「正しい人」にしているのです。「正しい人」になることによって、優越感に浸り、優越感に浸ることによって、自己の感覚を強化しているのです。むろん、実際に強化しているのは、エゴの幻想に過ぎません。

自分自身にこびりついている、これらのパターンを観察することができますか？

変えることのできない事実に不満を訴えている「頭の声」を認識できますか？

「すべて離ればなれ」というアイデンティティの感覚は、敵をつくることによって強化することができるため、エゴはいつも争いに飢《う》えています。それで、これは「わたし」であり、あれは「わたしではない」と証明しようとしているのです。

民族、国家、宗教が、敵対する相手をつくることによって、集合的なアイデンティティの感覚を強化することは、実際珍しくありません。「不信心者」なしに、どうして「信心者」になれるでしょう？

自分の心の状態を「観察する人」になってください。とりたてて何も「する」必要はありません。「気づく」だけで十分です。気づきによって、変容と自由がやって来るのですから。

人との交流において、自分が相手に対して抱いているかもしれない、優越感か、劣等感の微妙な感覚を察知することができますか？　もしそうなら、相手の「真実の姿」ではなく、比較することによって生き延びている、自分自身のエゴを見ているのです。

嫉妬《しっと》は、他人に何か良いことが起きたとき、あるいは、他人が自分よりも所有している、自分よりも知識がある、自分よりも能力があるときに、エゴが矮小化《わいしょうか》したように感じることから生じる副産物です。エゴのアイデンティティは、「他と比較する行為」に依存していますが、そのほかにも、多くのものを餌にしています。エゴは、手当たり次第なんでも吸収しようとしているのです。もしすべての試みにおいて失敗したとしても、あるいは、重篤《じゅうとく》な病に冒されていたとしても、「わたしの苦しみは一等賞だ」とみなすことによって、エゴの感覚に、さらに拍車をかけることができるでしょう。

あなたは、どんな物語をでっちあげて、「偽《にせ》の自己」を確立させているでしょうか?

エゴ的自己は、すべてがバラバラであるという信念を維持するために、他と対立しよう、他に抵抗しよう、他を排除しよう、という衝動をもっています。エゴが生き延びるには、それが不可欠なのです。そのためエゴは常に、「わたし対他人」、「我々対彼ら」という具合に、分裂状態にあります。

エゴはいつも、物事や人と衝突している必要があります。これが、平和や喜びや愛を求めていながら、実際にそれがやって来ると、長くは耐えられない理由なのです。

幸福が欲しいといっている一方で、すっかり不幸に中毒症になっているのです。

不幸というものは、究極的には人生の状況によって生ずるのではなく、心の条件づけ、「マインドセット」によって生じています。

あなたは、過去の行動に対して、あるいは行動し損ねたことに対して、罪悪感を抱いていますか？　もしそうだとしたら、これだけは確実にいえます。あなたは、その時点における自分の意識レベル、あるいはもっと正確にいうと、「無意識レベル」に応じて行動しただけなのです。そのときもっと「気づき」があったなら、もっと意識レベルが高かったなら、あなたは別の行動をとっていたでしょう。

罪悪感をいだくのも、「アイデンティティ」「自己認識」をつくろうとするエゴの戦略の一つです。自己がポジティブであろうと、ネガティブであろうと、実はエゴにとってはどっちでもいいのです。あなたがとった行動、あるいは、行動し損ねたことは、「人類の無意識状態」の表出に過ぎません。けれども、エゴは、それを個人的にとるのです。「わたしはこうした」というふうに。そうして自分に対して「わたしは悪い人」というイメージを持ち続けるのです。

有史以来、人類は数え切れないほどの、暴力や、残虐行為、有害行動を、互いに及ぼしてきました。そして、それは、いまもなお続いています。人類はみな非難されてしかるべきでしょうか？　全員が有罪でしょうか？　それとも、こうした行動は、単に無意識の表現であり、人類がいま脱却しようとしている、「進化のステップ」の一つに過ぎないのでしょうか？

イエスの言葉、「彼らを赦《ゆる》しなさい。彼らは自分のしていることがわからないのです」は、まさに、このことを表現しています。

もしあなたが、自分を自由にするために、自分の価値を高めるために、あるいは自己重要感を高めるために、エゴ的なゴールを達成しようとしているなら、たとえ達成できたとしても、決して満足することはないでしょう。

ゴールを定めたかったら、定めてもいいのです。ただ、それを達成するかどうかは、さほど重要ではないということに気づいてください。純粋な意識にもとづいて行動していないかぎり、「いま、この瞬間」を、「目的のための手段」にしてしまっているのです。純粋な意識にもとづいて行動しているかぎり、行動すること自体が、すべての瞬間に充実したものになります。あなたはもう「いま、この瞬間」を「目的のための手段」にしていません。「いま、この瞬間」を「目的のための手段」にするのは、典

「自己がなければ、問題もなし」。仏教の奥義を
問われたマスターは、こう答えたそうです。

型的なエゴ意識です。

「自己がなければ、問題もなし」。仏教の奥義を問われたマスターは、こう答えたそうです。

CHAPTER 4

THE NOW

「いま、この瞬間」の意味

常識で考えると、「いま、この瞬間」は、無数にある瞬間のなかの、たった一瞬にしか思えません。毎日は、さまざまな出来事が起こる瞬間の累積で成り立っているように思えます。けれども、さらに見方を深めるなら、常に存在するのは、「この一瞬」だけではなかったでしょうか？　人生が「いま、この瞬間」でなかったことなど、かつてあったでしょうか？

この一瞬――「いま」――だけが、あなたが決して逃れることのできない、唯一のものであり、人生における唯一の、確固たる事実です。なにが起ころうと、あなたの人生がどんなに変わろうと、唯一たしかなこと、それは常に「いま」です。

「いま」から逃れる道がないのだとしたら、いっそのこと腹をくくって、これを歓迎してみてはいかがでしょう？「いま」と友達になってみてはどうでしょう？

「いま、この瞬間」と友達になると、どこにいようと、あなたは「我が家」にいるような、平和な気分でいられます。「いま」のなかで、我が家にいる気分がしないなら、どこに行こうと、なにをしようと、居心地の悪さはついてまわります。

「いま、この瞬間」は、常にあるがままです。それは、永遠に変わることがありません。ならば、「いま、この瞬間」を、そのままにしておくことはできませんか？

なにが起ころうと、あなたの人生がどんなに変わろうと、唯一たしかなこと、それは常に「いま」です。

「いま、この瞬間」と友達になると、どこにいようと、あなたは「我が家」にいるような、平和な気分でいられます。

「現在」「過去」「未来」という区別は、人間の思考による発明品であり、究極的には、幻に過ぎません。過去と未来は思考の産物であり、知的な観念です。過去を思い出せるのは「いま」しかありません。あなたが思い出したのは、「いま」というときに起こった出来事であり、あなたがそれを思い出しているのも、「いま」です。未来も、それがやって来るときには、「いま」です。唯一の真実、かつて存在してきた唯一のものは、「いま」だけです。

「いまに意識を集中させる」ということは、「人生ですべきことを、なおざりにしてかまわない」という意味ではありません。あくまでも、なにが重要かを認識することです。そうすれば、リラックスして、副次的なものに取り組むことができます。これは、決して、刹那《せつな》的な生き方を指すのではありません。「もう物事に取り組むのはやめました。『いま』さえ良ければ、それでいいんです」。そうではなく、まず、なにを優先すべきかを見つけるのです。そのうえで、「いま」を自分の敵にまわすのではなく、友とするのです。「いま」を認識してください。「いま」を貴《とうと》んでください。「いま」が人生の基盤となり、最重要のフォーカスとなるなら、人生は平和に展開してゆくでしょう。

食器を片付けること、仕事の戦略を立てること、旅行のプランを練ること——。なにが重要ですか？　行動そのものですか、それとも、結果を出すことですか？「いま、この瞬間」ですか？　それとも「未来」ですか？

「いま、この瞬間」を、克服すべき障害物のようにみなしていますか？　自分には、たどり着くべきもっと重要な、未来の瞬間があると感じていますか？

「現在」「過去」「未来」という区別は、人間の思考による発明品であり、究極的には、幻に過ぎません。過去と未来は思考の産物であり、知的な観念です。

「いま」を自分の敵にまわすのではなく、友とするのです。「いま」を認識してください。「いま」を貴《とうと》んでください。

ほとんど誰もが、未来に焦点を当てて人生の大半を生きています。けれども、未来でさえ、現在という形態以外では、決して訪れることはありません。ですから、そのような生き方は、機能不全を引き起こす原因なのです。不快感、緊張、不満足は慢性的に心の底流となってしまいます。この生き方は、常に「いま」である人生を尊重していません。人生が「いま」でないことはないのです。

あなたの身体の「内なる生命」を感じてください。そうすれば、いまに錨《いかり》をおろすことができます。

究極的な意味では、「いま、この瞬間」に責任をとらないかぎり、自分の人生にも責任をとっていないのです。人生を見つけられる唯一の場所は「いま」しかないからです。

「いま、この瞬間」に責任をとることは、「いま、この瞬間」の状況に、気持ちのうえで逆らうことではありません。「すでにそうであるもの」と議論することではありません。それが意味するのは、人生とハーモニーを奏でることです。

「いま、この瞬間」は、あるがままです。それ以外ではありえません。仏教徒が昔から知っていたこと、そして、いまでは物理学者も解明していること。それは、「どんな出来事も単独では起こっていない」ということです。たとえ見た目ではわからなくても、舞台裏では、すべてが緊密に結びついています。あらゆる形態は、「いま、この瞬間」という姿をまとった、完全なる宇宙を構成する、欠くことのできない一部なのです。

ほとんど誰もが、未来に焦点を当てて人生の大半を生きています。けれども、未来でさえ、現在という形態以外では、決して訪れることはありません。

あらゆる形態は、「いま、この瞬間」という姿をまとった、完全なる宇宙を構成する、欠くことのできない一部なのです。

現状に、あるいは「すでにそうであるもの」に「イエス」というなら、生命のパワーと叡智《えいち》に同調することができます。そうしてはじめて、わたしたちは世界をポジティブに変容する、エージェントとしての役目を果たすことができるのです。

シンプルかつ画期的な精神修養は、「いま、この瞬間」にやって来たものをすべて、丸ごと受け入れてしまうことです。

意識を、「いま、この瞬間」にフォーカスするときにはいつでも、感覚が研ぎ澄まされます。それは、あたかも「夢」から覚めたときのようです。ただ、ここでいう夢とは、「思考」という夢、「過去と未来」という夢です。夢から覚めれば、なにもかもが見違えるほどクリアーに、シンプルに変わります。問題が生じる余地などありません。存在するのは、ただ、ありのままの、「いま、この瞬間」だけ――。

意識的に「いま、この瞬間」へと足を踏み入れたとたん、人生が神聖であることに気づきます。いまに在《あ》るとき、目に映るすべてのものに、神聖さを見ます。いまに生きれば生きるほど、シンプルでありながら、深遠なる「大いなる存在」の喜びと、あらゆる生命の神聖さを実感するのです。

ほとんどの人は、「いま、この瞬間」を「いま起こっている出来事」と錯覚しています。でも、このふたつは別のものです。「いま、この瞬間」は、そこで起こる出来事よりも、ずっと奥深いのです。「いま、この瞬間」は、出来事が起きている空間なのです。

ですから、「いま、この瞬間」を、その内容と混同してはなりません。「いま、この瞬間」は、その中で起こるどんな出来事よりも、深遠なのです。

いまへと足を踏み入れた瞬間、思考の森の外へと歩み出ることができます。すると、ひっきりなしだった思考の流れが、スローダウンしはじめます。思考はもう、あなたの意識のすべてを奪っていません。注意を完全に引きつけておくことができません。思考と思考のあいだに、スペース、「静止の次元」が生まれます。自分が思考よりも、どれほど深く、どれほど広大であるかに気づきはじめます。

思考、感情、感覚、その他なんであれ、あなたが経験するものが、「わたしの人生」を構成しています。この「わたしの人生」が、「わたし」という感覚のよりどころであり、さらにはそれを「人生の意義」だと信じるなら、少なくともあなたにとっては、それが真実になります。

けれども、これは、致命的な誤りなのです。なぜなら、わたしたちが核で感じる「わたしが在る」という感覚は、人生の出来事とは、まったく関係がないからです。「わたしが在る」という感覚は、「いま、この瞬間」と一つです。それは、どんなことがあっても変わることがありません。子供のときであろうと、老いたときであろうと、健《すこ》やかなときであろうと、病めるときであろうと、成功の頂点にいようと、失敗のどん底にいようと、「わたしが在る」、あるいは「いま、この瞬間」のスペースは、もっ

「本当の自分」を忘れてしまうと、怒り、混乱、憂鬱《ゆううつ》、衝突、軋轢《あつれき》は免れません。

とも深い次元では、永遠に不変なのです。この「わたしが在る」という感覚、あるいは「いま、この瞬間」は、大概《たいがい》人生の出来事と混同されやすいために、人生の出来事を通して、間接的に、しかも、かすかにしか経験されません。いいかえるなら、「わたしが在る」という感覚は、状況、思考の流れ、この世のたくさんの物事のために曖昧《あいまい》になっているのです。「いま、この瞬間」は、時間の観念によってぼやけてしまっているのです。

こうした理由から、人間は、「大いなる存在」にどっしりと根をおろすことを忘れてしまったのです。自らの神聖な真実を忘れ、世界の中で「本当の自分」を見失っているのです。「本当の自分」を忘れてしまうと、怒り、混乱、憂鬱《ゆううつ》、衝突、軋轢《あつれき》は免れません。

とはいうものの、わたしたちにとって、真実を思い出すこと、そうして「我が家」

に戻ることは、実はとても簡単なことです。

声に出して宣言してみてください。「わたしは、わたしの思考ではありません。感情でも、感覚でも、経験でもありません。わたしは、人生で起こる出来事でもありません。わたしは生命《いのち》です。わたしはすべてを生むスペースです。わたしは意識です。わたしは『いま』です。――わたしが在る――」。

CHAPTER 5

WHO YOU TRULY ARE

「本当の自分」を見つける

「いま、この瞬間」は、人間のもっとも深奥にある「本当の自分」とは、決して切り離すことができません。

人生で経験する出来事の中には、たくさんの重要なことがありますが、なかでも、ひときわ重要なことが、「一つだけ」あります。

あなたにとって、出世するかどうかは当然重要に思えるでしょう。健康であるかどうかも重要でしょう。立派な学歴があるかどうかも重要でしょう。裕福かどうかも重要でしょう。たしかに、こういった諸々のことは、人生に格段の違いを生むでしょうから、比較的重要なことかもしれませんが、これらは、なにがなんでも不可欠というわけではありません。

以上に挙げたどれよりも、もっと重要なことがあります。それは、独立した個という概念の自己、「限りある生命」を超えた、「本当の自分」という「エッセンス」を見つけだすことです。

人生の状況を「調整」しても、平和を見つけることはできません。平和は、もっとも深いレベルにある「本当の自分」を認識することによって、はじめて見つけることができるのです。

なんど輪廻転生《りんねてんしょう》をくり返そうと、「本当の自分」を見つけなければ、その経験も役には立ちません。

人生の状況を「調整」しても、平和を見つけることはできません。平和は、もっとも深いレベルにある「本当の自分」を認識することによって、はじめて見つけることができるのです。

なんど輪廻《りんね》転生《てんしよう》をくり返そうと、「本当の自分」を見つけなければ、その経験も役には立ちません。

地上の悲惨な状況はすべて、「わたし」「わたしたち」といった、ちっぽけな自己観によって生じたものです。それが、「本当の自分」というエッセンスを、おおい隠しているのです。自己の内なるエッセンスに気づくまでは、なにをしようと、最終的には惨めさをこしらえる結果に終わってしまいます。それは、1＋1＝2と同じくらい、わかりきったことなんです。「本当の自分」を知るまでは、美しい神性の存在としてではなく、思考のつくった「偽《にせ》の自己」を代替品として生きているのですから。不安に怯《おび》え、いつもなにかに飢《う》えている自己にしがみついているのです。偽の自己を防衛し、その価値を高めることが、自分を突き動かす最大の原動力になっているのです。

ごく日常的に使われている数々の表現の中に、ときには言語の構造自体にさえ、人間が「本当の自分」を知らないという事実を、かいま見ることができます。あたかも「所有したり」「失ったり」することができるかのように、「彼は生命《いのち》を落とした」とか「わたしの生命」と、よく表現するものです。けれども、真実をいうなら、わたしたちは生命を所有しているのではありません。わたしたちは生命そのものなのです。唯一の生命、宇宙全体にあまねく遍在する、たった一つの意識が、石、草の葉、動物、人間、星や星雲として自己を経験するために、一時的な形態をとっているだけなのです。

内なる深遠な場所では、すでにこのことを知っていると感じることができますか？自分自身が「それ」——一時的な形態をとった唯一の生命——であると感じられますか？

地上の悲惨な状況はすべて、「わたし」「わたしたち」といった、ちっぽけな自己観によって生じたものです。それが、「本当の自分」というエッセンスを、おおい隠しているのです。

真実をいうなら、わたしたちは生命を所有しているのではありません。わたしたちは生命そのものなのです。

この世では、なにをするにおいても、たいてい時間が必要です。お茶をいれる、新しい技術を身につける、家を建てる、その道のエキスパートになる。けれども、人生でもっとも大切なことに関していえば、時間は役には立ちません。唯一本当に大切なことは、「自己覚醒」です。自己覚醒とは、表面的な自己――名前、容姿、過去、自分にまつわる話――を超えた「本当の自分」を知ることです。

あなたは、過去にも未来にも「本当の自分」を見つけることはできません。本当の自分を見つけることができる唯一の場所は、「いま」しかないからです。

魂の求道者《ぐどうしゃ》は、未来に悟りをひらこうとします。「求める者」であるということ自体がすでに、未来を必要とすることを暗示しているからです。もしあなたが、未来に悟りをひらけると信じているならば、それが、あなたにとって真実となります。すなわち、「本当の自分」になるためには、時間など必要ないと気づくまで、時間が必要になってしまうのです。

木を見ると、木の存在に気づきます。ある思考や感覚をもつと、その思考や感覚に気づきます。また、喜ばしい経験や、痛ましい経験をすると、その経験に気づきます。

これらは、まがいようのない真実に思えますが、よくよく考えてみるなら、文章の構造そのものにさり気なく幻想が含まれていることに気づくでしょう。言語を使うかぎり、幻想は避けられません。なぜなら、思考と言語は必然的に二元性をともない、独立した個人をつくってしまうからです。けれども、二元性も独立した個人も存在しません。真実はどうかというと、木をながめているとき、わたしたちは木の存在に気

すなわち、「本当の自分」になるためには、時間など必要ないと気づくまで、時間が必要になってしまうのです。

言語を使うかぎり、幻想は避けられません。なぜなら、思考と言語は必然的に二元性をともない、独立した個人をつくってしまうからです。

づいている一人の人間ではありません。思考でも、感覚でも、経験でもありません。わたしたちは、これらの事象が現われる場であり、かつその媒体である、意識あるいは気づきなのです。

では、これからは、自分自身が、さまざまに展開する人生の出来事すべてを包含する意識であるという気づきを胸に抱いて、人生を歩いていくことができますか？

「わたしは、『本当の自分』を知りたい」。あなたはそう思うかもしれません。けれども、あなた自身が、「本当の自分」なのです。あなた自身が、すでに「知」そのものなのです。あなた自身がすべてを知る媒体である意識なのです。意識は、それ自身を知ることができません。意識が、「知」自身なのですから。

これさえ認識していれば、ほかに知るべきことは何ひとつありません。しかも、すべての認識は、この認識から湧《わ》き出《い》でるのです。「わたし」は、自分自身を、意識の対象、知識の対象にすることはできないのです。

つまり、わたしたちは、自分自身にとって対象になることはできません。にもかかわらず、わたしたちは、頭の中で自分自身を対象へとつくりあげています。これこそが、エゴ的アイデンティティという幻想が生じる、ほかならぬ理由です。

人はみな、「わたしは○○です」といって、人にも自分にも「わたしの話」をするものですが、そうすると、自己を分裂させ、「わたし自身」との関係をもちはじめてしまいます。

「わたしは、『本当の自分』を知りたい」。あなたはそう思うかもしれません。けれども、あなた自身が、「本当の自分」なのです。あなた自身が、すでに「知」そのものなのです。

自分自身を、万象万物が発生する源である意識と知ることによって、出来事に依存することをやめ、状況、環境の中に自己を見つけようとする習性から解放されます。いいかえるなら、どんな出来事が起こるか、あるいは起こらないかは、どっちでもよくなります。物事の重要性、深刻さは薄れはじめます。代わりに「遊び心」が芽生えます。世界は、宇宙が繰り広げるダンス——形態のダンス——であり、それ以上でもそれ以下でもない、そう悟るのです。

「本当の自分」を知るとき、そこには絶えることのない、生き生きとした平和の感覚があります。それを喜びと呼んでもいいでしょう。なぜならば、力強く、あふれんばかりの平和、それこそが、真の喜びだからです。それは、自分自身を、生命が形態になる前のエッセンスであると知る喜びです。それが「在《あ》ること」の喜び、「本当の自分で在ること」の喜びです。

ちょうど、水が固体にも、液体にも、気体にもなれるように、意識も物質のように「凝固した状態」になったり、思考や気持ちのように「液化した状態」になったり、純粋な意識のように、「形のない状態」になったりします。

純粋な意識は、この世に顕現される前の生命です。その意識は、わたしたちの目を通して、形態の世界をながめているのです。なぜなら、意識こそが、「本当の自分」だからです。自分を意識と知るとき、わたしたちは、万物に自分自身を見いだすことができます。それは、くもりのない、明晰《めいせき》なものの見方をしているときです。もはや、重苦しい過去を背負ってはいません。出来事の一つひとつを解釈する、観念の「フィルター」にもなっていません。

ほとんどの人は、「本当の自分」ではなく、欲望と恐れを原動力に生きています。

頭で解釈することなしに物事をながめてはじめて、「ながめている存在」がなにかを認識することができるのです。そのような認識をしているとき、意識は鋭敏になり、静止のスペースの中にいます。これが、わたしが言葉で表現できる精一杯です。

「あなた」を通して、形のない意識は、自らを認識することができます。

ほとんどの人は、「本当の自分」ではなく、欲望と恐れを原動力に生きています。

欲望とは、自分自身をもっと満たそうとして、自分になにかを付加しようという必要性に駆られることです。あらゆる恐れは、なにかを失うことに対する恐れです。けれども、皮肉なことに、結局はそれが裏目に出て、かえって、大切なものを減少させたり、弱めたりしてしまうのです。

これら二つの心理状態は、あらゆる存在は、与えられることも、取り去られることもできない、という真実をあいまいにしてしまいます。けれども、「大いなる存在」は、完全無欠な状態で、すでにあなたの中にあるのです。「いま、この瞬間に――」。

CHAPTER 6

ACCEPTANCE & SURRENDER

「受け入れること」「手放すこと」——心の平安へといたる道

日々の生活の中で、できるかぎり自分の心を「観察」して、自分の心と外界のあいだに軋轢《あつれき》をつくっていないか、いいかえるなら、その時点の物理的状況――自分のいる場所、自分が一緒にいる人、自分の活動――に、無意識のうちに抵抗していないかチェックしてみるといいでしょう。「すでにそうであるもの」に抗《あらが》うことの痛々しさが、感じられますか？

いったんこれに気づいたなら、無意味な抵抗、内なる闘争は、自分の意志でいつでもストップできるはずです。

心の状態を、あらゆる瞬間に口に出すのがルールだとしたら、あなたは、日になんど、こんなふうにいうことになるでしょうか？「わたしは、ここにいたくない」。自分がいる場所を嫌うのは、どんな気持ちがするでしょう？ 渋滞、職場、空港のロビ

一、苦手な人と一緒のとき。

時と場合によっては、立ち去るほうが無難なケースも、たしかにあるでしょう。その手段が、その時点でもっとも賢明な選択であるということもあります。けれども、ほとんどといっていいほど、逃げ出すという行動は、選択肢には含まれていません。「わたしはここにいたくない」は、無益なだけでなく、機能不全でもあるのです。それは、あなただけでなく、他人をも不幸にしてしまいます。

こんな表現を聞いたことがありますか。「どこに行こうと、あなたはいつもそこにいる」。別の言い方をするなら、「あなたはいつも、ここにいる」ということです。これは、それほど理解するのが難しいことでしょうか?

知覚と経験のすべてにレッテルを貼る必要など、本当にあるのでしょうか？　人生の状況と人々に対して、「好き」「嫌い」の感情的反応をして、ほとんど休みなく摩擦《まさつ》を起こす必要が、本当にあるのでしょうか？　あるいは、これは、なんらかの方法――なにか行動を起こすことによってではなく、「いま、この瞬間」をありのままに受けいれること――によって打破することが可能な、深く根づいた思考の習性でしょうか？

習慣性になっているリアクション的な「ノー」は、エゴを強化します。一方、「イエス」はエゴを弱めます。エゴは、「手放すこと」「放下《ほうげ》」に耐えられないのです。

「ああ、やるべきことが山積みだ」。たしかにそうかもしれません。でも、あなたの行動のクオリティのほうはいかがですか？　職場への通勤、顧客との対応、パソコンの作業、ショッピング、あなたの日常を構成している、無数の用事を行なうとき、あなたはどれくらい完全にその行動に「在り」ますか？　あなたは、無我の境地でこれらを行なっているでしょうか？　それとも、嫌々ながら行なっていますか？　実をいうと、それが、「人生の成功」を決定する要因なのです。人生の成功は、どれだけ苦労するかとは、一切関係ありません。「苦労」は、ストレス、未来にある地点に到達する必要性、あるいは、ある結果を出す必要性を暗示しているからです。

ごくわずかでも、「本当はやりたくないのに」という嫌悪感を、感じることがありますか？　それは、人生そのものに対する否定を意味します。人生を否定するかぎり、本当の意味での成功を得ることはできません。

もしあなたが、こうした「否定」の思いを感じているならば、それをことごとく捨

習慣性になっているリアクション的な「ノー」は、エゴを強化します。一方、「イエス」はエゴを弱めます。エゴは、「手放すこと」「放下《ほうげ》」に耐えられないのです。

て去り、心を空っぽにして、「自分の活動に完全に在る」ことができますか？

「一時に一つのことに集中せよ」。ある禅のマスターは、禅の真髄をこう定義したそうです。

一時に一つのことに打ち込むことは、行動と完全に一体になること、行動に全意識を集中させることを意味します。これが、「放下の行動」であり、行動にパワーを与える行動です。

現状をあるがままに受け入れると、さらに深い次元へと導かれるだけでなく、自己認識を含めた内なる状態は、もはや思考による善悪の判断に自己意識が左右されることもありません。

人生の状況を「イエス」と受け入れるなら、「いま、この瞬間」をあるがままに受け入れるなら、自分の内面に、あたかも「空間」ができるような感覚を覚えます。そこには、えもいわれぬ、深い平和があります。

心の表面では、いまだに「晴れた日には幸福」で、「雨の日にはブルーな気分」かもしれません。「100万ドルの宝くじに当選して幸福」になり、「無一文になって不幸」になるかもしれません。けれども、幸福にしても不幸にしても、もうそれほど深刻ではなくなります。それは、わたしという「存在」の水面に描かれる波紋のようなものです。あなたの内なる平和は、外的状況によって、ゆさぶられることはありません。

「すでにそうであるもの」を「イエス」といって受け入れると、あなたの深淵《しんえん》にある新たな次元が開かれます。その次元は外的状況にも、思考や感情で絶え間なく揺れ動いている内的状況にも、依存していません。

どのような経験も、いずれは過ぎ去るということ、そして、この世は何ひとつ永遠に価値あるものを与えてくれない、ということに気づいたとき、放下は、驚くほど簡単になります。放下をした後も、あなたはたくさんの人に出会い、経験や活動を共にすることになりますが、そこには、エゴ的自己による欲望や、恐れは存在しません。これは、別の表現をするなら、状況、人間、場所や出来事が、自分を満足させなければならない、幸福にしなければならない、という執着心がなくなる、ということです。不完全であり、過ぎ去ってゆくという性質を、コントロールできないものとして、すんなり受け入れるということです。

人、場所、状況や出来事に、無理難題を要求しなくなったとたん、不思議なことに、それらは、あなたにとって満足のいくものに変化していくだけでなく、より調和のとれたものに、より平和なものになっていきます。これが、受容の心が起こす「奇跡」です。

完全に「いま、この瞬間」を受け入れると、あるいは、現状に逆らうのをやめると、考えなくてはならない、という強迫観念は次第にうすれはじめ、意識が鋭敏な、静止状態にとって代わられます。そのときの意識は、完全に目覚めていると同時に、「いま、この瞬間」に対して、なんのレッテルも貼っていません。この内なる無抵抗の状態は、なにものからも制約されない意識のとびらを開きます。それは、人間の頭脳とは比較にならないほど、はるかに偉大です。この偉大な叡智《えいち》は、あなたを通して自らを表現することによって、あなたを内面、外面の両方からサポートするのです。これが、心の抵抗を手放したとたん、状況が好転するという奇跡が、往々にして起こる理由です。

「『いま、この瞬間』を楽しみなさい。幸福になりなさい」。ここでわたしがいわんとしているのは、そういうことでしょうか？　違います。

「『いま、この瞬間』を、そのまま放っておく」。ただ、それだけで十分なのです。

「手放し」は、「いま、この瞬間」に対して行なうものです。「いま、この瞬間」を自分なりに解釈して、でっちあげる話に対して降伏することではありません。

たとえば、身体に障害をかかえていて、歩行ができないと仮定しましょう。この身体的状況は「ありのまま」です。

この状況に対して、思考はこんなふうな「物語」を、つくり上げてはいないでしょうか？「これがわたしの人生か？車椅子の世話になるなんて。人生はなんと不公平で残酷なんだ。このわたしがいったい何をしたというのか？」。

「現状」をありのままに受け入れて、「現状」と、「思考がそれについてつくり上げる物語」とを混同しないこと。これを実践できますか？

「どうしてわたしがこんな目にあうの？」。もはやこの問いかけをしなくなったとき、「手放し」が起こります。

表面的には、もっとも受容しがたい、過酷な状況でさえ、そのヴェールの下には、もっと深遠な意味での「善」が隠されています。あらゆる災難は、その内に慈愛の種が託されているのです。

歴史をひもといてみると、莫大《ばくだい》な喪失、病気、投獄、あるいは差し迫った死など、理屈ではとうてい受け入れられない状況に直面しながらも、それを受け入れることによって、あらゆる理解を超越した平和を見つけた人たちを、あまた見ることができます。

「どうしてわたしがこんな目にあうの?」。もはやこの問いかけをしなくなったとき、「手放し」が起こります。

受け入れ不可能なものを受け入れることが、この世の慈悲を受けとる、最高の手段なのです。

どんな答えも、どんな説明も意味をなさないという理不尽な出来事が起こることがあります。人生はまるで不条理だ。あるいは、大切な人が苦境にあえいで助けを求めているのに、どうしていいのか、なんといって慰めたらいいのか、見当もつかない。

「自分が知らない」という事実を完全に受け入れるとき、制約された思考の範囲で答えを見つけようともがくのをやめます。そのときはじめて、偉大な叡智があなたを通してパワーを発揮するのです。さらには、偉大な叡智が頭脳に流れこみ、インスピレーションを与えるため、思考力さえ恩恵をこうむることができるのです。

ときとして、「手放すこと」は、理解しようという努力を放棄することや、いさぎよく知らないままで放っておくことを意味します。

あなたの身近に、こんな人はいませんか？　自分はもちろん、まわりの人をも惨めにして、不幸のウィルスを撒《ま》き散らすことだけが、人生の目的のように見える人。そのような人たちを赦《ゆる》してください。なぜなら、その人たちも、人類の意識の覚醒《かくせい》において、大切な役割の一端を担っているからです。エゴ的意識という悪夢、いいかえるなら「非放下状態」に拍車をかける役目を果たしているのです。彼らのしていることに、なんら個人的な悪意はありません。それは、彼らの「本当の姿」ではないからです。

「手放すこと」は、いわば、抵抗から受容への、「ノー」から「イエス」への内なる変容です。手放すとき、「わたし」は、リアクション、あるいは知的なレッテル貼りという認識によるものから、それらを超越した感覚へとシフトします。形態による認識――思考や感情――から、「在ること」へとシフトし、自分自身を形のない、広漠たる意識として認識するのです。

なんであれ、完全に受け入れるなら、あなたは平和へと導かれます。たとえそれが、自分が抵抗していることの受容であろうと、受け入れ不可能なことの受容であろうと。

人生を放っておきましょう。逆らわず、そのままにしておくのです。

人生を放っておきましょう。逆らわず、そのままにしておくのです。

CHAPTER 7

NATURE

自然から「在《あ》る」術《すべ》を学ぶ

みなさんもお気づきのとおり、人間がサバイバルするためには、自然の存在が不可欠です。しかも、わたしたちが自然に依存しているのは、身体面だけではありません。人間は、複雑な迷路と問題まみれのこの世界で「考える」「行動する」「思い出す」「期待する」といった行為に没頭するあまり、すっかり迷子になっています。そこで、この思考という檻《おり》から脱けだし、「我が家」へと帰還するために、自然に導いてもらうべきなのです。

人間は、石や植物や動物がいまも憶えていることを、忘れてしまいました。わたしたちは、本来の「在《あ》りかた」――じっと静止していること、ありのままの自分でいること、「生命の存在する場所」にいること――を忘れてしまったのです。生命の存在する場所とはどこでしょうか――？　それは、「いま、ここ」です。

意識をなにか自然なもの、人の手の加わっていない存在に向けると、あなたは、観念的思考の檻の外へと一歩踏み出し、自然のすべてを包含する「大いなる存在」と一体になる状態を、完全とまではいかなくても、ある程度は体験します。

意識を石、植物、動物に向けるということは、それらについて考えるという意味ではありません。それらの存在をただながめるのです。それらをあなたの意識の中にとどめおくのです。

すると、自然の中のエッセンスが、テレパシーのように伝わってきます。あなたは、自然がいかに静止しているかを感じとっているのです。そうすることで、あなた自身の中にも、自然と同じ、じっと静止した次元が広がっていきます。自然が、「ありの

生命の存在する場所とはどこでしょうか
――?　それは、「いま、ここ」です。

ままの自分」と「いま、ここ」に、完全に一つに融合して、大いなる存在の中に、どっしりと座しているのを感じます。これを感じているとき、あなたも、自分自身の深《しん》淵《えん》にある、くつろぎの場所へと到達しているのです。

自然を散策していたり、そこでくつろいでいたりするときには、身も心も完全にそこに「在る」ことによって、自然界を貴《とうと》びましょう。じっと静止してください。ながめてください。耳を澄ませてください。いかにすべての動物が、いかにすべての植物が完全にありのままであるかを観察しましょう。人間と違って、自己を二つに分裂させたりしません。自己イメージによって生きたりしません。いいかえるなら、自分のイメージを守ろう、あるいは高めようと執着していないのです。シカはシカ自身で在ります。スイセンはスイセン自身で在ります。

自然界ものはみな、自己と一つであるだけでなく、万物と一つでもあります。「わたしと、宇宙のその他すべて」というふうに、自分は独立した存在であると主張することによって、一枚の布地から、自分だけを切り取ったりはしません。

自然を静観することによって、大きなトラブルメーカーである、「わたし」という個の観念から、解放されます。

自然の中にあふれる、かすかな音に意識を向けてみましょう――木々の葉ずれの音、雨だれの音、昆虫たちの羽音、夜明けに一番鳥が歌う声――。聞くという行為に、身も心も100パーセント捧げてください。音を超越したところに、偉大なる「なにか」が存在します。思考を通しては、決して理解することのできない神聖さが――。

人間は、自分の身体を創造したわけではありませんし、身体機能をコントロールすることさえできません。明らかに人間の頭脳よりも偉大な叡智が機能しているのです。それは、自然のすべてをサポートしているのと同じ叡智です。生命の活気、身体の内部で躍動するなにかを感じることによって、自己の内なるエネルギー場に気づくことが、この叡智に近づく一番の方法です。

ハッピーで、遊び好きで、無条件の愛を表現し、いつも人生を存分に謳歌《おうか》しようとする犬の生き方は、しばしばその飼い主の心の状態――憂鬱《ゆううつ》、不安、問題に押しつぶされ、思考の中に埋没し、存在する唯一の場所であり、唯一の時間である「いま、こ

自然を静観することによって、大きなトラブルメーカーである、「わたし」という個の観念から、解放されます。

こ」に在《い》ない——と、見事なまでにコントラストをなしていることがあります。なかには、疑問に思う方もいらっしゃるでしょう。このような精神状態の飼い主と一緒にいて、どうして犬は、正気で、喜びに満ちていられるんだろう、と。

知性と思考というフィルターを通して自然を見ても、その生き生きと躍動する生命、「在る」さまを感じることはできません。わたしたちに見えるのは、その外観だけで、内に宿る生命——聖なる神秘——を感じとることはできません。思考を使うと、自然は、営利あるいは知識など、実用目的のための「便利品」に成り下がってしまいます。古代樹は木材に、野鳥はリサーチの研究材料に、山は採鉱か、征服の対象にされてしまうのです。

自然をながめるとき、知性も思考も入りこまないスペースをつくってください。このような姿勢で自然にアプローチすると、自然のほうもわたしたちに応え、地球と人類の意識の進化に貢献するでしょう。

いかに花が「いまに在る」か、生命にすべてをゆだねているかを、感じとってください。

家にある草花を、「心から」ながめてみたことがありますか？　わたしたちが植物と呼ぶ、いつも見慣れていながら、神秘的なその存在に、彼らの秘密を教えてもらったことはありますか？　植物が、どれほど深い平和をたたえているかに、気づいたことはありますか？　静止したスペースに包まれていると気づいたことは？　植物が発している静止と平和のエネルギーに気づいた瞬間、植物はわたしたちの教師になってくれます。

動物、草花、木々を観察してください。それらがいかに「大いなる存在」のなかで安らいでいるかを感じとってください。それらはみな、ありのままで在ります。類《たぐい》まれな威厳、純真さ、神聖さを備えています。けれども、それを感じとるには、「名前による認識」「レッテル貼り」という思考の習性を超越しなければなりません。この習性を超えて自然を見ることができた瞬間、思考では理解の及ばない、五感を通して知覚することのできない、そして筆舌に尽くしがたい自然界の次元が、あなたの眼前に繰り広げられるのです。それは、一言でいうなら、ハーモニーです。自然界だけでなく、わたしたち自身の中にもあまねく遍在する神聖さです。

わたしたちが呼吸する空気も、呼吸のプロセスも、自然の一つです。

呼吸に意識を向けてみてください。そうすれば、あなたは、それを自発的に行なっているのではないことに気づくでしょう。それは自然が呼吸をしているからです。もし呼吸することを、つねに覚えていなければならないとしたら、人間はとうの昔に死んでいたでしょうし、たとえ呼吸を止めようとしても、自然の力がそれを阻止するでしょう。

呼吸を意識し、意識をそれにとどめる術《すべ》を身につけることによって、もっとも本質的かつ、もっともパワフルな方法で、自然と一つになることができます。それは、わたしたちを癒すと同時に、大きなパワーを与えてくれるツールです。それは、思考による観念的世界観から、条件づけのない内なる領域へと、意識をシフトさせます。

人間には、「大いなる存在」と、もう一度一つになれるよう導いてもらう教師として、自然の存在が不可欠なのです。そして、わたしたちが自然を必要としているだけでなく、実をいうと、自然も人間を必要としているのです。

人間は、自然と分離していません。わたしたちはみな、宇宙に無数の形態としてあまねく顕現している「一つの生命」の一部なのです。宇宙では、万物の各々が一つにつながっています。花や木に宿る神聖さ、その美、信じられないほどじっと静止しているさまや、威厳に気づくとき、わたしたちは、その花と木になにかを付加しているのです。石、木々、草花、鳥たちは、まだ自らの「本当の姿」に気づいていません。わたしたちの新たな認識によって、気づきによって、自然もまた、自分自身が何者であるかを知るのです。自然も、人間を通して、その美と神聖さを知ることができるのです！

偉大なる沈黙のスペースは、その懐《ふところ》に自然をまるごと包みこんでいます。人間も例外ではありません。わたしたちも一緒に抱かれているのです。

わたしたちが、石、植物、動物が住むじっと静止した領域にアクセスできるのは、内面が静止したときだけです。思考が雑音を止めておとなしくなってはじめて、深いレベルで自然とつながることができます。そして、過剰な思考活動による、分離の感覚を越えることができるのです。

思考形態は、生命が進化するプロセスの中の、ステップの一つに過ぎません。自然は、思考が生まれる前の純粋な静止のスペースに存在します。じっと静止する次元にいたることができたとき、ようやく人類は、思考のレベルを超越できるのです。思考を超越した静止の領域には、従来とは異なる、まったく新しい「知る」「認識する」意識体系が存在します。

自然は、この静止の領域へと、わたしたちを導くことができるのです。それが自然界から人類への贈り物です。静止の領域を感じとり、そのなかに足を踏み入れて、自然と一つになる。そのとき、この領域はわたしたちの意識にも浸透していきます。これが、わたしたちから自然への贈り物です。

人間を通して、自然は自分自身を認識できるのです。自然は、もう何百年も前から、わたしたちを待ち続けているのです。

人間を通して、自然は自分自身を認識できるのです。自然は、もう何百年も前から、わたしたちを待ち続けているのです。

CHAPTER 8

RELATIONSHIPS

人間関係を根底から変える方法

人間にとって一番の得意技の一つが、誰かと知り合いになったとたん、即座に相手に判断を下す、あるいは、「この人は○○な人間だ」と決めつける行為です。その理由は、他人に対してレッテルを貼る、観念的なアイデンティティを与えるということが、エゴ的思考にとって、とても満足のいく行動だからです。

人間は一人残らず、子供時代の経験や社会的環境はもちろん、遺伝的要因によっても、ある特定の方法で考え、行動するよう条件づけられています。

けれども、そうした行動習性は、あくまでも、わたしたちの表向きの姿に過ぎず、わたしたちの真の姿ではありません。ですから、相手に対して判断を下すたび、わたしたちは、彼らの本当の姿を、条件づけられた思考パターンと混同してしまっているのです。この「決めつけ行為」は、根強くこびりついた、無意識の行動パターンです。わたしたちは相手に対して、観念的なアイデンティティを貼りつけますが、この偽《にせ》のアイデンティティは、自分自身にとってはもちろん、相手にとっても鉄格子になってしまうのです。

「批判を手放す」ということは、相手の言動を、見て見ぬふりをする、という意味ではありません。相手の言動を、条件づけによる言動として認識すること。相手の言動を見たとき、それとして受け入れることを、意味するのです。すなわち、相手の言動に基づいて、その人のアイデンティティをつくりあげない、ということです。

こうすることで、自分だけでなく、相手をも、「条件づけ」「形態」「思考」によるアイデンティティから解放します。人間関係は、もうエゴに汚染されることはありません。

エゴが人生をコントロールしているかぎり、思考、感情、行動のほとんどは、欲望と恐れから生起します。結果的に、相手からなにかを求めるか、相手を恐れるかのどちらかを基盤にして、人間関係を築くことになってしまうのです。

相手に求めるものは、快楽、物質、承認、尊敬、注目かもしれません。あるいは、相手と自分を比較し、自分のほうが豊かである、優れていると格付けすることによって、エゴの優越感を高めることかもしれません。では逆に、相手に軍配があがった場合はどうでしょう？　独断によって相手のほうが上だと判明すると、自己価値観を引き下げる結果になってしまいます。エゴは、その可能性に怯《おび》えているのです。

「いま、この瞬間」を、「目的のための手段」に利用するのではなく、意識のフォーカスとするなら、人を利用しようとする無意識の強迫観念を超越し、他人の犠牲のもとに自己を高めようという動機をも超越します。手短にいうと、エゴを超越するのです。交流する相手が誰であれ、意識を１００パーセント相手に注ぐと、実質的な事柄を除いては、両者の関係から、過去と未来がとり除かれます。自分が出会うすべての人に対して、完全にいまに在《あ》るとき、相手に対して自分がつくり上げた観念的アイデンティティ、すなわち、相手がどんな人物であり、過去にどんな行動をしたかという解釈を捨て去ることができるのです。欲望や不安といったエゴ的動機なしに、交流できるのです。意識を相手に向けること。意識を研ぎ澄ませて、じっと静止すること。これがカギです。

欲望と恐れに汚染されない人間関係は、なんと素晴らしいものでしょう！　愛は、なにも求めません。愛は、なにも恐れません。

もし仮に、あなたが過去に相手と同じ経験をしていたとするなら、相手と同じ痛みをもっているとするなら、あなたの意識レベルが相手と同じレベルだとするなら、あなたも、相手とまるっきり同じように考え、まるっきり同じように行動しているに違いありません。この気づきによって、赦し、憐れみ、平和が訪れます。

エゴは、こうした話に聞く耳をもちません。リアクションできず、自分を「正義の人」にすることもできないなら、エゴはパワーを失ってしまうからです。

「いま」のスペースにやって来る人たちをみな、貴《とうと》い来賓《らいひん》として歓迎するとき、すべての人をありのままにしておくとき、相手は確実に変わりはじめます。

相手のエッセンスを知るのに、過去、歴史、物語など、その人について知らなければならないことは何ひとつありません。わたしたちは、えてして相手についての情報魂《たましい》でと、観念ではない深い叡智とを混同してしまいがちですが、情報を得ることと知ることとはまったく別個のものです。前者は形態に関わることであり、後者は形のないものです。前者は思考を通して機能し、後者はじっと静止することを通して機能します。

もちろん、実質的な事柄においては、情報なしには目的を達成できません。けれども、それが人間関係において支配的な位置を占めるようになると、関係にタガをはめてしまい、破壊的にすらなってしまいます。思考や観念は人工的なバリア、いいかえるなら、人と人とを隔てる壁をつくってしまうからです。そうすると、人との交流は「大いなる存在」に根づいたものではなく、思考を基盤としたものになってしまいます。観念的なバリアさえなければ、どのような人間関係にも、自然に愛が存在します。

情報を得ることと、魂《たましい》で知ることとはまったく別個のものです。前者は形態に関わることであり、後者は形のないものです。

ほとんどの人間関係は、単なる言葉の交換に過ぎません。つまり、思考の次元にとどまっているのです。どのような人間関係においても、静止のスペースを取り入れることは不可欠です。それが、親密な関係ならば、なおさらです。

静止状態にともなうスペースの感覚なしには、どのような人間関係も、健《すこ》やかに育《はぐく》まれることはありません。瞑想《めいそう》や、自然の中でともに静かな時間を過ごすことを習慣にしましょう。散歩に行くときも、車中にいるときも、家にいるときも、静止のスペースに一緒にいることに、心地よさを感じるようになりましょう。静止のスペースは、つくり出せるものではありませんし、その必要もありません。ただ、いつもそこに存在していながら、たいていは、思考の雑音によってかき消されている静止の空間に、心をひらく。それだけでいいのです。

静止のスペースがなければ、人間関係は思考に支配され、いとも簡単に問題と軋轢《あつれき》にまみれてしまいます。静止のスペースさえあれば、それは、あらゆる問題を駆逐《くちく》します。

人間関係に静止状態をもたらす、もう一つの方法は、心から、相手に耳を傾けることです。心から相手に耳を傾けるとき、静止の次元が現われ、それが関係の基盤になります。とはいえ、真に耳を傾けるのは、想像するよりも、はるかに高度なテクニックです。たいていの人は、意識の大半を考えることに費やしています。会話中、相手の話を評価しているか、次に自分が何をいうかを考えているというのが、せいぜいです。ときには、思考に没頭するあまり、完全に上《うわ》の空のこともあるでしょう。

真の聞く行為は、聴覚による知覚をはるかに超越しています。そのとき、意識は研ぎ澄まされ、言葉がインプットされる場所、「在るスペース」が表出してきます。そこでは、言葉は二次的なものになります。言葉が意義深いこともたしかにあるかもしれませんが、まるで辻褄《つじつま》が合わないこともあるでしょう。話の内容よりもはるかに重要なのは、心から聞くという行為そのもの、そして、そのときに現われる「在る意識」のスペースです。このスペースは、観念的な思考による、分断のバリアなしに相手とのコンタクトを可能にする、統一の意識の場です。そこでは、相手はもはや「他人」ではありません。そのスペースでは、あなたと相手は、一つの意識となって溶け合っているのです。

親密な人間関係で、度重《たびかさ》なる「ドラマ」を経験していませんか？　同じパターンをくり返していませんか？　あとで考えてみると、取るに足らないような意見の相違が、熾烈《しれつ》な口論や感情的な痛みの引き金になってはいませんか？

そのような出来事の根底にあるのは、エゴのパターンです。「絶対に自分が正しい」、「もちろん相手が悪いに決まっている」という思い込み。つまりは、思考の見解と一体になっているのです。また、エゴには、物事や人と周期的にもめごとの状態にいなければ気がすまないという習性があります。それは、「わたし」と「あなた」の分離の感覚を強めるためであり、その感覚なしには、エゴは生き延びることができないからです。

人類はすべて、自分の内に、つもりつもった感情的な痛みをかかえています。個人的な過去の経験による痛みはもちろん、太古の昔から増え続けている集合的な痛みの両方が、わたしたち一人ひとりに重くのしかかっているのです。この痛み、「ペイン・ボディ」は、時折わたしたちを支配する、内なるエネルギー場で、常に、さらなる感情的痛みを追い求めています。というのは、「ペイン・ボディ」は、痛みを「常食」していて、痛みのエネルギーを、随時補給しなくてはならないからです。「ペイン・ボディ」は人間の思考をコントロールし、それを可能な限りネガティブなものにしようと企んでいます。ペイン・ボディは、ネガティブな考えが大好きです。それは、ペイン・ボディとネガティブな考えの波長がピッタリ一致するからです。また、「ペイン・ボディ」は身近な人たち、特にパートナーから、ネガティブな感情的リアクションを誘発します。ドラマと感情的な痛みを惹起《じゃっき》して、餌《えさ》を確保しようとしているのです。

では、どうすれば、人生をこれほど惨めにしてしまう、無意識のうちに痛みと一体となってしまう、といった深く根づいた習慣を、解き放つことができるのでしょうか？

まずはじめの一歩は、「ペイン・ボディ」の存在自体に気づくことです。ペイン・ボディは、「本当の自分」ではないと認識し、その正体――過去の経験による痛み――を、認識することです。「ペイン・ボディ」があなた自身の中で、あるいはパートナーの中で活動しているときには、それを客観的に観察してください。無意識のうちに、ペイン・ボディと一つになってしまう呪縛《じゅばく》が解けたとき、自分の中のペイン・ボディを俯瞰《ふかん》することができるようになったとき、もうペイン・ボディに「餌を与える」ことはありません。ペイン・ボディは、次第にエネルギーの供給源を絶たれていきます。

人間同士の交流は、地獄にもなれば、偉大なるスピリチュアルな修練ともなりえます。

他人を見つめているとき、相手に対して、大きな愛を感じることができたなら、あるいは自然美にひたっているとき、その美が、心の琴線《きんせん》に強く触れたなら、そっと目を閉じ、美のエッセンス、あるいは「本当の自分」と不可分である、あなたの内に存在する愛を、しばらく感じてみてください。外見的な形態は、「本当の自分」、あなたのエッセンスを一時的に映し出した、仮の姿に過ぎません。それゆえに、愛と美とは、あらゆる外的形態から失われてしまっても、決して、わたしたちから去ることはないのです。

数え切れないほどの物があふれ、それを使いこなしているこの物質界と、あなたは

あなたは、もう「台本どおり」に行動していません。「真実の自分」「ありのままの自分」なのです。

どんな関係を築いていますか？　普段使っているペン、カップ、椅子、車は、あなたにとって、単なる「目的のための手段」でしょうか？　それとも、たとえ瞬間的にではあっても、それらの存在を意識し、ときに感謝の念を示しているでしょうか？

プライドや虚栄心のためにモノを利用しようとすると、端的な表現をするなら、モノに執着すると、モノへの執着心はいとも簡単に、その人の人生を完全に支配してしまいます。自分をモノによって認識しようとするなら、モノの中に自分自身を見出そうとしていることになり、モノ本来の価値を認識していないのです。

モノのありのままの姿を認識するなら、思考の投影なしに、その存在を認識するなら、その存在に感謝しないはずがありません。モノは実のところ、「無生物」「生命がない」わけではなく、人間の五感にそのように感じられるだけに過ぎない、という事実にさえ気づくかもしれません。物理学者も、分子レベルでは、物質は振動するエネルギーであることをうけあってくれるでしょう。

いうまでもなく、究極的には、「他人」など存在しません。わたしたちが会っているのは常に「自分自身」なのですから。

物質界を、エゴぬきで感謝するなら、思考の解釈が及びもつかない形で、あなたの世界は輝きだします。

誰かに出会ったとき、たとえほんの一瞬でも、意識のすべてを相手に注ぐことによって、相手の存在を認識していますか？　それとも、相手を目的のための手段、あるいはたんなる役割とみなして、相手の価値を減じていますか？

スーパーのレジ係とあなたの関係のクオリティはどうでしょう？　駐車場の係員とは？　修理係とは？　顧客とは？

意識を向けるのは、ほんの一瞬で構いません。それで十分なのです。相手を見つめたとき、相手に耳を傾けたとき、意識の鋭敏な、静止状態が起こるはずです。それは、短いときには、ほんの2、3秒かもしれませんが、それでも、ふだん演じている役割とは違う、もっと真実に近いなにかが湧《わ》き上がってくるはずです。あらゆる役割は、人間の心の作用である、条件づけられた意識なのです。意識を向けるという行動を通して表出する静止状態こそが、名前と形の根底にあるあなたのエッセンス、条件づけられていない「本当の自分」なのです。

そのときあなたは、もう「台本どおり」に行動していません。「真実の自分」「ありのままの自分」なのです。その次元があなたの中で花ひらくとき、あなたは、相手の中にある真実の次元をも、花ひらかせることができます。

いうまでもなく、究極的には、「他人」など存在しません。わたしたちが会っているのは常に「自分自身」なのですから。

CHAPTER 9

DEATH & THE ETERNAL

「死」を超越したところ、「不死」がある

さあ、イメージしてみましょう。あなたはいま、野生の森を散策しています。一歩足を踏み出すごとに、生き生きと脈動する、生命の息吹が感じられるでしょう。また、それと同時に、倒木、朽ちた幹や木の葉など、腐敗のプロセスにある有機物にも気づくはずです。そこかしこに、生命だけでなく、死の形跡をも目にします。

けれども、もっと詳細に観察してみれば、腐敗している幹や木の葉は、新たな生命の誕生を助けているだけでなく、自らも躍動する生命であることを発見するでしょう。そこでは、有機微生物が盛んに活動し、分子が編成を組み直しているのです。つまり、厳密な意味での「死」など、どこにも見つけることはできません。そこにあるのは、刻一刻と、万華鏡のごとく姿を変え続ける、生命の形です。

このことを、さらに掘り下げてみると、なにがわかるでしょうか。それは、「死は生命の対極に位置するものではない」ということ。生命の対極に位置するものなどありません。死の対極にあるのは、誕生です。生命とは、「永遠に終わることのないサイクル」なのです。

いつの世も、哲人や詩人は、人間という存在の、「夢」に似た資質——一見すると堅固でリアルでありながら、泡沫《うたかた》のようにはかなく、いまにも消えてしまいそうなこと——を認識していました。

臨終のときには、まさに幕を閉じようとする人生の物語は、実際に「一瞬の夢」のように思えるかもしれません。けれども、たとえ夢であっても、その中には、真実のエッセンスが含まれているはずです。夢を誕生させたもとである、意識があるはずです。でなければ、夢が生まれるはずがありません。

身体が意識をつくっているのでしょうか？　それとも意識が、身体という「夢」、他人という「夢」をつくっているのでしょうか？

なぜほとんどの臨死体験者は、死に対する恐怖心を払拭《ふっしょく》してしまうのでしょうか？　このことについて黙想してみましょう。

もちろん、死は、誰にとっても避けることはできませんが、じかに死と対峙《たいじ》するまでは、死は、単なる観念の域にとどまります。深刻な病に冒される、自分あるいは身近な人が事故に見舞われる、最愛の人を失う、といった経験を通してはじめて、自分自身の死すべき運命に、否応なく向きあうことになるのです。

ほとんどの人は、恐怖のために、死から顔を背けようとします。けれども、身体は過ぎ去っていくものであり、いまこの瞬間にも崩壊しかねないという事実を恐れずに直視するなら、「わたし」という身体的そして心理的な形態との一体化から、わずかかもしれませんが、解放されます。あらゆる生命形態は生滅《しょうめつ》するという性質をさとり、それをありのままに受け入れるとき、なんとも形容しがたい平和の感覚が、あなたを包みこむでしょう。

死と対峙することによって、ある程度は、形態との一体化から解放されます。仏教の宗派によっては、死体安置所での瞑想《めいそう》を習慣にしていますが、これはまさに、形態との一体化を克服するためなのです。

西洋文化においては、死を忌むべきものとする風潮が、いまだ根強く残っています。老齢に達している人でさえも、死について語りたがらず、それを頭から追い払おうとし、死体は、人目につかぬところに隠されます。死を忌避《きひ》する文化は必然的に浅薄《せんぱく》なものとなり、物事の外見のみにこだわります。死を否定するとき、生命の奥深さ、神秘といったものは、失われてしまうのです。名前と形態を超えた「本当の自分」を知る可能性、超越の次元は、人生から姿を隠してしまいます。なぜなら、死こそが、その次元へと通じるドアなのです。

わたしたちはみな、「物事の終わり」というものに、不快感をいだく傾向にあります。それは、どんなものの終わりも、ある程度の「死」を意味するからです。数多くの言語が、「さようなら」の挨拶《あいさつ》に、「また会いましょう」の言葉をあてているのは、こうした背景があるからです。

経験が終わりを迎えるときには、それが仲間同士の集いでも、休暇でも、子供の巣立ちでも、わたしたちは一種の「死」を経験します。「経験」として意識に現われる「形態」が、失われてしまうからです。往々にしてこの喪失は、やり切れない虚しさを残し、ほとんどの人は、それに直面すること、それを感じることを可能なかぎり避けようとします。

人生に訪れる終わりの数々を受け入れ、さらに一歩進んで、それを歓迎する術《すべ》を身につけることができたなら、もともとは不快に思われたその虚無感も、自己の内なる深淵を感じる、深い平和に満ちた経験にとって代わられるでしょう。

こうして日々「死ぬこと」を学ぶなら、わたしたちは、真に「生きる」人生へと、ドアをひらくのです。

ほとんどの人は、「わたし」の感覚、あるいは「自己認識」を、極めて貴重なものとみなしていて、それを失うのをひどく恐れています。これこそが、人間がなによりも死を恐れている理由にほかなりません。

「わたし」が消えてなくなることは、想像を絶することであり、かつ脅威であることのように思われます。けれども、それは、「わたしの名前」「形態」「それに付随するストーリー」を、何物にも代えられない「本当の自分」と、錯覚しているからなのです。「わたし」は、意識の中の、一時的な形態に過ぎません。

「わたし」が、自分の知る形態のすべてであるかぎり、真実に気づくことはできません。真実とは、わたしたちの貴さは、わたしたちのエッセンスにあり、深奥にある「わたしが在《あ》る」という感覚にあり、すなわち、「意識そのもの」にあるということです。それは、わたしたちの中にある「永遠」です。それだけが、わたしたちが決して失うことのない、唯一のものです。

人生の中で、所有物、資産、親密な関係、あるいは、名声、仕事、身体能力などを失ったとき、すなわち深刻な喪失が起こったときにはいつでも、わたしたちの内面のなにかが死にます。「わたし」という感覚がいくらか消失したように感じられます。あるいは、ある種の混乱が生じるかもしれません。「〇〇がなかったら、わたしはいったい誰なんだろう?」というふうに。

「わたしの一部」と無意識のうちに思いこんでいたものが失われるとき、あるいは消えてしまうとき、身を切られるような、苦痛をともなうかもしれません。それは、いうなれば自分という「布地」に穴があいてしまうようなものだからです。

喪失によって、痛みや寂寥感《せきりょうかん》を感じたときには、その感情を否定したり、無視したりしてはなりません。かわりに、自分が感じているものを、ありのままに受け入れるのです。それと同時に、喪失という出来事に基づいて、自分を被害者に仕立てて「ストーリー」をでっちあげようとする、心の作用に気づいてください。怒り、恐れ、憤怒、自己憐憫《れんびん》といった感情がこみあげてきたら、自分に被害者役をあてがっているサインです。心がでっちあげたストーリーと、そのような感情の背後になにが潜んでいるかに気づきましょう。そこにあるのは、心にぽっかりと開いた穴、空っぽのスペースです。この、つかみどころのない空虚な感覚と対峙し、それを受け入れることができますか？　それができたなら、心の穴は、もはやあなたにとって、敵ではありません。この受容によって、予想もしなかった平和の思いが、心の泉からあふれだすかもしれません。

形態の「死」が訪れたとき、あるいは、生命形態が失われたときにはいつでも、形として顕現される前の状態である神が、形態の消失が残していった穴を通して、光り輝きます。これが人生の中で死を神聖なものとする理由なのです。死を受け入れ、死について瞑想することによって、神の平和が訪れるのは、これが理由なのです。

人間の個々の経験というものは、なんとあっけないものでしょう。人間の命というものは、なんと儚《はかな》いものでしょう。そもそもこの世に、生滅の法則に左右されないものなどあるのでしょうか？　永遠のものなどあるのでしょうか？

もしもこの世に、たった一つの色しか存在しなかったなら、たとえば、ブルーしかなかったなら、全世界がブルーだとしたら、そしてそこに存在するものすべてがブルーだとしたら、もうそこには、「ブルー」という観念は存在しません。ブルーという色が認識されるためには、ブルーでないものが必要なのです。そうでなければ、ブルーは際立つこともできませんし、存在することすらできません。

これと同じ理屈で、万物の移ろいやすい性質に気づくためには、移ろうことなく、不変であるなにかが必要なのです。より具体的に表現してみましょう。「わたし」という個を含め、もしすべてが不滅だとしたら、あなたはその事実に気づくことがあるでしょうか？「わたし」を含め、あらゆる形態の儚さを認識し、それを自分の目で確かめられるという事実は、自分自身の中に、衰えもせず、失われることもない「なにか」が確固として存在することの証だとは思いませんか？

20歳《はたち》の頃のあなたは、自分の身体が、強靭《きょうじん》で、エネルギーに満ちあふれていると感じていました。60年後のいま、あなたは、自分の肉体が衰え、年老いたと感じています。20歳の頃といまとでは、考え方も変わっているかもしれません。けれども、肉体の衰えや、考え方の変化を感じとっている「意識」自体はなんら変わっていません。その意識こそが、あなたの中の「永遠なるもの」です。それが、形のない「唯一の生命」なのです。これを失うことなどあるでしょうか？いいえ、それはあり得ません。なぜなら、あなた自身が、「唯一の生命」だからです。

臨終の間際になると、深い平和に包まれ、まるで溶解していく形態を透過して光が輝くように、ほとんどまばゆいくらいになる人たちがいます。

また、深刻な病の床にある人や、年老いた人が、この世を去る数週間前ないし数ヶ月前から、あるいは数年前からでさえ、まるで透明人間のような状態になることもあります。そのような人たちと見つめ合うと、瞳の奥に輝く光が見えることもあります。そこには、心理的な痛みはもはや残っていません。彼らはすでに放下の境地にあるので、心がこしらえるエゴ的な「わたし」「個我」はもう溶け去ってしまったのです。そのような人は、「肉体の死の前に死んだ」のであり、自分の中の「不死」に気づくことによって、深い安らぎを内に見いだしたのです。

どのような事故にも、どのような悲劇にも、たいていの場合、本人には見えていないことが多いのですが、そこには必ずプラスの要素があるものです。

なんの前触れもなく、生命が危険にさらされる衝撃によって、意識が形態との一体化から完全に解放されてしまうこともあります。肉体の死の目前と、「死」のプロセスの最中には、意識が形態から解き放たれる自由を経験します。突如として、恐れは雲散霧消し、そこに残るのは、心の平安と、「死とは形態の消失に過ぎず、すべてはありのままでいいのだ」という悟りです。その時点でわたしたちは、死は、かつて「わたし」とみなしていた形態と同じように、究極的には幻に過ぎない、ということに気づくのです。

死は、現代文化が暗示しているような、特殊なことでもなければ、人生の中で、もっとも忌むべき出来事でもありません。それどころか、死は、この世の中で、その対極に位置する誕生と同じく、もっとも自然な現象であると同時に、誕生と切り離すこともできないのです。死を迎えようとする人の側にいるときには、この事実を自分自身に言い聞かせましょう。

誰かの臨終を看取《みと》る、というのは、大いなる特権であり、神聖な行為です。

死にゆく人の傍《かたわ》らにいるときには、その経験のどんな側面も否定してはなりません。起こっていることも、その出来事にまつわる感情も否定しないことです。自分はなにもしてあげられないという事実から、無力感におちいったり、あるいは、悲しみや怒

どのような事故にも、どのような悲劇にも、たいていの場合、本人には見えていないことが多いのですが、そこには必ずプラスの要素があるものです。

誰かの臨終を看取《みと》る、というのは、大いなる特権であり、神聖な行為です。
死にゆく人の傍《かたわ》らにいるときには、その経験のどんな側面も否定してはなりません。
誰かの死について、自分にはなにもできない、という事実を受け入れるのです。

りの気持ちに駆り立てられたりするかもしれません。それでもなお、自分が感じる気持ちを、ありのままに受け入れるのです。そのうえで、さらにその一歩先のステップに進むのです。誰かの死について、自分にはなにもできない、という事実を受け入れるのです。この事実を完全に受け入れてください。わたしたちには、形態の死をコントロールすることはできません。その経験のすべての側面を、心の底から手放すのです。自分の感情はもちろん、死にゆく人が経験しているかもしれない、いかなる痛みも不快感も全部ひっくるめて、手放すのです。あなたの放下《ほうげ》の意識と、そこから生まれる静寂は、死にゆく人を大いに勇気づけ、変容を容易なものにするでしょう。そのとき言葉が必要だとしたら、それはあなたの中の静止状態から生まれるはずです。もっとも、言葉はあくまでも副次的なものに過ぎません。

そして、その静止状態からは、「平和」という祝福がやってきます。

CHAPTER 10

SUFFERING & THE END OF SUFFERING

さとりに苦しみは必要か？

仏教徒は、はるか昔から知っていました。いまでは物理学者もそれを認めています。それは、「万物は内面で互いにつながっている」ということ。人生で起こるさまざまな出来事には、なんら相関性がないように見えますが、なに一つとして、単独で起こっているのではありません。判断を下したり、レッテルを貼ったりすることが、それを独立させてしまうのです。生命のワンネスは、人間の思考によってバラバラに分裂しているのです。けれども、あらゆる出来事を引き起こしているのは、生命のワンネスであり、宇宙という緊密な相互ネットワークの一部なのです。

これはなにを意味するかというと、どんなものであれ、「すでにそうであるもの（この世の『現実』と呼ばれているもの）」は、変えることができず、それ以外の形では存在しえないということです。

一見したところ理不尽としか思えない出来事が、宇宙の全体性の中で、どんな役割を果たしているのかを理解するなど、大抵は不可能です。けれども、広漠たる宇宙という視点からみれば、それは必要だから起こったのだと認識することによって、「すでにそうであるもの」への内なる受容がはじまり、生命のワンネスとシンクロするようになります。

「真の自由」が欲しいですか？　「苦しみ」にピリオドを打ちたいですか？　それなら、あらゆる瞬間に、自分が感じているもの、あるいは経験しているものすべてを、あたかも事前に選択したかのように生きることです。

心の中で、「いまと一つになること」によって、「苦しみの終息」が訪れるのです。

では、結局のところ、「苦しみ」というものは、人間にとって必要なものなのでしようか？　答えは「イエス」であり、「ノー」であるともいえます。

これまで経験してきた苦しみがあったからこそ、あなたに、人間としての奥行きができたのであり、それがなかったら、謙虚さも憐れみも持ちえなかったでしょう。そもそも、こうして本書を読むことすらなかったでしょう。苦しみはエゴの殻《から》を打ち砕きます。その後に、苦しみが役目を終えるときがやってきます。「わたしには、もう苦しみなんて必要ない」。そう気づくまでは、苦しみは必要なのです。

不幸は、思考がでっち上げる「わたし」と「わたしの物語」、観念的なアイデンティティを必要としています。不幸はまた、過去と未来という時間をも必要としています。不幸から時間をとり除くと、あとには何が残るでしょう？　この瞬間の「そうであるもの」だけが残ります。

ときとして、「重苦しさ」「動揺」「緊張」「怒り」、あるいは、「嘔吐《おうと》を催すような感覚」に襲われることがあるかもしれません。けれども、どんな形で表れたにしろ、それは、断じて不幸ではありません。個人的な問題でもありません。人間の感じる痛みに、なんら個人的な要素はないのです。それは、身体のどこかに感じる強烈なプレッシャーか、強烈なエネルギーに過ぎません。その部分に意識を向けてください。そうすれば、感覚が思考に変化して、「不幸なわたし」のスイッチをオンにすることもありません。

ためしに自分の感覚を、ただありのままに放っておいてみてください。そして、どんな変化が起こるか、観察してみましょう。

出来事は、身体に苦痛をもたらすことはあるかもしれませんが、人間を不幸にするパワーはありません。人間を不幸にしているのは、ほかでもない、自分自身の思考なのです。

頭に浮かぶ一つひとつの考えを真実とみなすたび、たくさんの苦しみ、たくさんの不幸が、怒濤《どとう》のように押し寄せてきます。出来事は人を不幸にすることはできません。出来事は、身体に苦痛をもたらすことはあるかもしれませんが、人間を不幸にするパワーはありません。人間を不幸にしているのは、ほかでもない、自分自身の思考なのです。あなたを不幸にしているのは、出来事に対するあなたの「解釈」、あなたが自分に話し聞かせている「わたしの物語」なのです。

「いま、自分がこうしてめぐらしている思考が、わたしを不幸にしているんだ！」。この気づきによって、思考と一体になってしまう、無意識の習慣から脱却できるのです。

「なんて憂鬱《ゆううつ》な日なんだ」

「あいつは、電話を折り返すくらいの礼儀も持ち合わせていないのか」
「彼女には、まったくガッカリさせられるよ」

わたしたちは、自分にも、他人にも、ちょっとした「わたしの物語」を話すものですが、これは往々にして「苦情」の形をとることが多いものです。この習慣は、他人や物事を「悪者」にし、自分を「正しい人」扱いすることによって、日常的に抱いている「わたしは不完全な人間です」という自己認識に、知らず知らずのうちに拍車をかけるしくみになっています。「正しい人」になることによって、自分が優越なポジションにいるような錯覚におちいり、偽《にせ》の自己であるエゴを増大させているのです。これは、ある種の敵をつくることにもなります。エゴは自分のなわばりを確保するために「敵」をつくりたくてしょうがありません。天気でさえも、その役目を果たすほどですから。

すっかり習慣化した思考によるレッテル貼りと、かたくなな感情とによって、わた

苦しいとき、不幸なとき、完全に「いま、そうであるもの」の中に在ることです。不幸も問題も、「いま」の中では生き延びることができません。

したちは、他人と人生の出来事に対して独自のリアクションをする関係を築いていています。これは、本人は無意識で行なっているものの、すべて自分でつくりだした苦しみの一種です。なぜこんなことが起こるのかというと、エゴは、苦しみに喜びを覚えるからです。エゴは状況や人にリアクションすることと、そこから生じる軋轢《あつれき》をとおして、肥大化しているのです。

「わたしの物語」がなかったら、人生は、どんなにシンプルになることでしょう。

「今日は雨だ」
「彼は、電話を折り返さなかった」
「彼女は、待ち合わせ場所に現われなかった」

苦しいとき、不幸なとき、完全に「いま、そうであるもの」の中に在ることです。不幸も問題も、「いま」の中では生き延びることができません。

苦しみは、状況に対して、頭のなかで「好ましくない」「不愉快」など、なんらかのレッテルを貼ると同時に作動します。あなたは状況に抵抗し、その抵抗が状況を「個人的なもの」にしてしまい、リアクションする「わたし」の登場とあいなるわけです。

レッテル貼りは、たしかに根強い習慣かもしれませんが、それは、かならず克服可能です。小さなことから徐々に、レッテル貼りをやめる練習をはじめてみてください。飛行機に乗り遅れても、食器を落として割ってしまっても、ぬかるみに足を取られて転んでも、その出来事に「嫌だ」とか「痛ましい」などの、レッテルを貼らずにいられますか？　その瞬間の「そうであるもの」「事実」を、いさぎよく受け入れられますか？

物事に「悪いもの」というレッテルを貼ると、感情を石のように、かたくなにしてしまいます。物事にレッテルを貼らずに、ありのままに放っておくだけで、たちまち物凄《ものすご》いパワーを手にすることができます。

感情が硬化していると、パワーの源から断絶してしまいます。これはなにを意味するかというと、生命パワーそのものから、断絶することなのです。

アダムとイヴは、善悪を判断する智恵の木から、果実をもぎって食べました。

どんなものにもレッテルを貼るのをやめて、善悪のレベルを超越してください。レッテル貼りの習慣を超えると、宇宙のパワーがあなたを通して働き出します。出来事に対して、リアクションをしないという姿勢を貫くとき、それまで、「悪」と見えていたものは、ときとしては即座に、あるいは、時間の経過と共に、生命パワーを通して、好転していくものです。

出来事や経験に「悪」というレッテルを貼るのをやめ、かわりに、心で「イエス」といって受け入れるとき、物事をありのままに放っておくとき、どんな変化が起こるか、観察してみてください。

人生の状況がどうあれ、いまこの瞬間、それをありのままに、心から受け入れると、どんな気持ちがするでしょうか？

どんなものにもレッテルを貼るのをやめて、善悪のレベルを超越してください。レッテル貼りの習慣を超えると、宇宙のパワーがあなたを通して働き出します。

さり気ないものから、顕著なものまで、苦しみの形態はさまざまですが、それらは、あまりにも「当たり前のこと」としてまかり通っているために、苦しみと認識されることはめったになく、むしろエゴにとっては、満足感のよりどころになっているのです。イライラ、短気、怒り、他人との揉《も》め事、厄介ごと、恨み、文句などが、その代表格です。

わたしたちは、どのような形態の苦しみでも、それが起こっている時点で、「ああ、わたしが自分で自分に苦しみをつくっているんだ」、そう認識する習慣を身につけることができます。

もしあなたが日常的に、自分に苦しみを与えているとするなら、他人にも苦しみを与えているに違いありません。こういった無意識の思考パターンは、それを意識することによって、また、それが起こった時点で気づくというごくシンプルな習慣をつくることによって、断ち切ることができるのです。

わたしたちは、自分でそれと認識していながら、自分自身に苦しみを与えることはできません。

どんな状況にも、どんな人々にも、「悪」あるいは「悲惨だ」以外に言葉が見つからないときでさえ、その奥には「まったき善」が、隠れているのです。これを奇跡と呼ばずして、なんと呼ぶでしょう？　このまったき善は、「すでにそうであるもの（現実）」を、心から受け入れることによって、わたしたちの内面と外面の両方に姿を現わします。

どんな状況にも、どんな人々にも、「悪」あるいは「悲惨だ」以外に言葉が見つからないときでさえ、その奥には「まったき善」が、隠れているのです。これを奇跡と呼ばずして、なんと呼ぶでしょう？

「悪に抵抗するなかれ」は、人類がもっとも貴《とうと》ぶべき、真実の一つです。

では、ここで、このことを、対話形式で表現してみましょう。

「『すでにそうであるもの』を受け入れなさい」

「絶対に無理です。頭に血がのぼって、怒りがどうにもおさまりません」

「それならば、『その事実』を受け入れなさい」

「怒りがおさまらないことを、ですか？ 現状を受け入れられないことを、ですか？」

「そのとおり。『非・受容』を受け入れるのです。『非・放下《ほうげ》』を手放すのです。その後、どんな変化が起こるか、見守りなさい」

慢性的な身体的苦痛は、人間が持ちうるなかで、もっとも峻厳《しゅんげん》な教師の一人です。「抵抗してもムダ」。これが、その教えです。

「苦痛なんてまっぴらだ」と感じるのは、正常な精神の持ち主であることの証《あかし》です。けれども、その嫌がる気持ちを手放し、痛みをただありのままに放っておくなら、自分の内面で、痛みが自分から分離し、痛みと自分の間に、まるでスペースができるような微妙な感覚に気づくでしょう。これは、自発的に苦しむことを意味します。自分

慢性的な身体的苦痛は、人間が持ちうるなかで、もっとも峻厳《しゅんげん》な教師の一人です。「抵抗してもムダ」。これが、その教えです。

の意志で意識的に苦しむとき、身体的苦痛は、わたしたちの中のエゴを、迅速に燃やし尽くします。エゴは大半が「抵抗」でつくられているからです。これは、著しい身体的障害にも当てはまります。

自発的な苦しみは、「神に捧げる苦しみ」と表現することもできます。

十字架のシンボルにこめられた、深遠な宇宙の真理を理解するのに、キリスト教徒である必要はありません。

十字架は、拷問《ごうもん》の道具です。それは、もっとも過酷な苦しみ、人間の限界、人間の非力さを象徴しています。けれども、そのとき人間は、「わたしの意思でなく、神の意思がなされますように」という言葉で表現されるように、放下し、自らの選択によって苦しむのです。その瞬間、拷問の道具である十字架は、その隠れた姿を明らかにします。それは、神聖なシンボルであると同時に、神性のシンボルでもあるのです。

生命を超越する次元を、ことごとく否定しているように見える十字架は、すべてを放下することによって、突如としてその次元へといざなうドアに変貌《へんぼう》を遂げるのです。

『Stillness Speaks』に寄せて――

ニール・ドナルド・ウォルシュ（『神との対話』著者）
（Dragon Fly Review of Books ２００３年より抜粋）

１００パーセント思考に集中しなければ、文章を理解することは不可能だろうか？ エックハルト・トール氏は、文章を読んでいる最中でさえ、「思考する人を観察せよ」と、我々に挑んでいる。

人生は矛盾に満ちています。わたし自身はそれを、「神性の2分法」と呼ぶのが気に入っています。「神性の2分法」とは、なにか？ それは、明らかに相反する二つの真実が、同次元に同時に存在することを意味します。たとえば、「沈黙は語る」といった考えが、その一例です。

どんな種類のものでも、瞑想《めいそう》などの活動をしたことがある人は、みな、この2分法に気づいているに違いありません。沈黙の中から、「もっとも大きな声」「もっとも偉大なメッセージ」が、そして、「もっとも偉大な叡智《えいち》」がやってくるということを。

そして、この2分法を、完璧《かんぺき》に、素晴らしく表現し、また実践するための、「本ではない本」が、ついに誕生しました。タイトルはズバリ（!）、『Stillness Speaks（沈黙は語る）』。著者はあの『さとりをひらくと人生はシンプルで楽になる（The Power of Now）』を世に送り出した、エックハルト・トール氏です。わたしはこの本を、「本ではない本」と名づけました。なぜなら、本書は、読者をA地点から連れ出し、B地点で降ろすような、学術的アプローチの本ではなく、あるいは、「はじまり」と「終わり」のある物語でも、読者を「ここ」から「あそこ」へと導く、論理のアウトラインと道筋を示した論文でもないからです。

『Stillness Speaks』は、トール氏に浮かんだ「一連の考え」であり、それ以上でもそれ以下でもありません。わたしが推測するところでは、これらの考えは、おそらくトール氏のみならず、数知れぬ人たちの心に舞い降りたのではないでしょうか。けれども、ほとんどの人の場合、これらの素晴らしい叡智は、心を素通りしていったのです。いっぽうトール氏は、その叡智に気づけるほど、じっと静止していました。トール氏は意識の明晰《めいせき》なときにそれらを記録し、活字にしたのです。

ここで一言申し添えておきます。それは、本書の内容は、なんらかの論理という物差しでもって真贋《しんがん》を見極められるような類のものではない、ということ。さきに言及したように、本書の目的は、読者に特定の観念を説得することでも、それを主張することでもありません。その目的はあくまでも、叡智の洞察の場所へとあなたをいざない、それが導く先にあるものを、あなた自身で見ることができるよう促すことなのです。

このことを、トール氏は序文の中で、次のように語っています。

あなたの探し物が、頭脳の「糧」とするための材料なら、それは、本書からは手にいれることはできません。魂の教師の教えの真髄も、本書のエッセンスも、ことごとく見失ってしまうでしょう。エッセンスは言葉ではありません。あなた自身の中で脈動している真実です。本書を読む際には、この点を心に留めおき、それを感じながら読むことを、お勧めします。言葉というものは、あくまでも「道標《みちしるべ》」に過ぎません。それらが指し示すゴールは、思考の次元では、見つけることができないのです。それにひきかえ、人間の内なる次元は、なんと深遠で、なんと広大無辺な領域でしょう！

『Stillness Speaks』は、「新たな認識」と「深い理解」の、壮観な、極めて特別な場所へとあなたを導く可能性を秘めています。それは、優しい旅ですが、どこか特定の場所に導く旅ではありません。

トール氏は、「すべての場所」は、「なにもない場所」に存在するということを、よく承知しています。さらには、「すべてのもの」は、「なにもないところ」に存在するということも。この概念は、ほとんどの人たちにとって、そう簡単に理解できるものではありません。本文第2章、第5章、第6章、第8章、第10章が、その理解を助けるでしょう。

トール氏の作品をモノにするコツは、「考えないこと」です。著者いわく、「ほとんどの人は、思考に埋没している」そうです。彼の説く理念は、思考の外に脱け出し、「いま」「ここ」で起こっていることを、ありのままに経験すること。

これこそが、『Stillness Speaks』で、読者が体験するよう意図されていることです。内容について考える、分析する、論争する、解釈する、などを行なうと、思考の中に自らを失ってしまいます。「日の出」を解釈しようとしたところで、どこにも到達することはできません。日の出はあなたとともに在《あ》る、「何か」に過ぎない。なんであれ、そこから得るものを、あなたは得る。日の出を分析しようとしたとたん、日の出があなたにもたらそうとしている経験は、あなたのもとから去っていってしまいます。

わたしには、『Stillness Speaks』が、いわば、魂の「日の出」のように感じられます。それについて考えること、分析することは、それを追いやってしまうことになるのです。こうしてレビューを書いていることすら、実は困難に感じられます。なぜなら、この本について説明すればするほど、この本について説明をしなくなるという矛盾が生じるからです。といったわけで、この辺で本についての解説はおしまいにして、その中にあるもの、それがわたしにもたらした経験について、もう少し語って締めくくるとしましょう。

「平和」「歓び」「生きる実感」「心の平安」「人生に対するエキサイトメント」「幸福」

「確かさ」「自分の深い場所で知っていると感じていた何かが裏打ちされた感覚」「ワンネス」「ひとつになること」……

さらに、わたしの気持ちのなかで、決しておざりにできない、大きなもの。それは、――「感謝」――。トール氏は、自身の心を覗《のぞ》かせてくれたことによって、わたしが自分自身の心を覗くよう促しました。彼の言葉は、わたしたちのあいだに存在する神聖な場所を思い起こさせてくれます。そこでは、すべての人の存在が融合し、共通のエッセンスを分かち合い、集合的経験を創造しているのです。彼の本は、共同創造による「現実」のなかで、わたし個人の役割を、さらにゆるぎなく、さらに自信を持って、さらに歓びとともに演じつつ、果敢に突き進んでいくよう触発してくれました。一言でいうと、『Stillness Speaks』は、わたしの人生を豊かにしてくれたのです。

Eckhart Tolle（エックハルト・トール）
ドイツ生まれ。13歳までをドイツで過ごす。ロンドン大学卒業後、ケンブリッジ大学研究員および指導教官となる。29歳の時、その後の人生を180度転換させる劇的な霊的体験をする。以後数年間は、この時の体験を理解し、深め、知識として統合するための研究に費やす。現在は講演家として世界各地を巡り、人々にメッセージ=「苦しみから平和へいたる道」を伝えている。処女作『さとりをひらくと人生はシンプルで楽になる（原題：The Power of Now）』は、世界30ヶ国以上で出版され、300百万部を超えるベストセラーに。現代でもっとも重要なスピリチュアル書のひとつに数えられている。1996年よりヴァンクーバー（カナダ）在住。

あさり　みちこ
青森県弘前市生まれ。翻訳家。1993年よりカナダに在住。以後、現地発行紙記者として活動するほか、政府刊行物、法律文書など幅広い翻訳に携わる。一時拠点を弘前に戻し、癒し、精神成長、健康に役立つ書の発掘とその翻訳を中心に活動していたが、2005年より再びカナダへ。訳書に『本当の自分を見つける旅』（太陽出版）『自分をとりもどす魔法の言葉』『さとりをひらくと人生はシンプルで楽になる』『「成功」+「幸せ」を手に入れる21の原則』『魂のヒアリング力』（以上徳間書店）がある。

Shannon Duncan has created a line of products developed specifically to work synergistically with the concepts in this book To learn more about the Focus Tool™ and our other fine products you can visit the Author's web site at www.pmasystem.com and www.audioserenity.com.

世界でいちばん古くて大切なスピリチュアルの教え

第一刷　2006年4月30日
第四刷　2010年3月10日

著者　エックハルト・トール
訳者　あさりみちこ
発行者　岩渕　徹
発行所　株式会社徳間書店
〒105-8055東京都港区芝大門2-2-1
電話　編集（03）5403-4344／販売（048）451-5960
振替　00140-0-44392
本文印刷　本郷印刷（株）
カバー印刷　真生印刷（株）
製本所　大口製本印刷（株）

ISBN978-4-19-862163-6